Russland, 1941.

DANIEL COSTELLE   ISABELLE CLARKE

DER KRIEG
MENSCHEN IM ZWEITEN WELTKRIEG

Werkverzeichnis von Daniel Costelle

Eva Braun. Verliebt in den Führer, L'Archipel, 2007
8. Mai 1945, L'Archipel, 2005
Unbekannte Bilder aus der Luftfahrt, Le Cherche Midi, 2003
Geschichten für Clémentine über das 20. Jahrhundert, Le Rocher, 1999
Wenn Maria erscheint, Robert Laffont, 1993
Fatima, ein Wunder und drei Geheimnisse, François Bourin, 1991
Une sacrée guerre! (Pierre Clostermann), Flammarion, 1990
Mein abgetragenes Leben (Gespräch mit Alphonse Boudard), Plon, 1985
Geschichte der Marine, Larousse, 1981
Geschichte der Olympischen Spiele, Larousse, 1980
Geschichte der Züge, Larousse, 1979
Geschichte der Luftfahrt, Larousse, 1978 (ausgezeichnet mit dem Preis der Académie française)
Die Gefangenen, Flammarion, 1974

Von Isabelle Clarke und Daniel Costelle
gemeinsam realisierte Sendungen und Sendereihen (Auswahl)

Der Zweite Weltkrieg – Menschen im Zweiten Weltkrieg, France 2
Lindbergh, France 3
Eva Braun – Verliebt in den Führer, TF1
Eva Braun oder die Banalität des Bösen, Geschichtskanal Histoire
Jagd auf die Nazis, France 2
8. Mai 1945. Die Kapitulation, France 3
Auf den Spuren von Alto, France 3
Die Flügel der Helden, France 3
Johannes Paul II., France 3
Clémentines Reisen, France 3
Das Fest der Mütter, France
Die 13 Leben der Katze Lelouch, France 2
Krieg, Zensur und Fernsehen, France 3
Sex, Zensur und Fernsehen, France 2
Die Marines im Golfkrieg, France 3
Unbekannte Bilder aus dem 20. Jahrhundert, France 3
Unbekannte Bilder aus dem Vietnamkrieg, France 3
Die Vergessenen der Befreiung, TF1
Christoph Columbus oder die Entdeckung, France 2
Erscheinungen in Fatima, Spielfilm

DANIEL COSTELLE   ISABELLE CLARKE

DER KRIEG
MENSCHEN IM ZWEITEN WELTKRIEG

AUS DEM FRANZÖSISCHEN VON ANDREA DEBBOU

Willst du Frieden, kenne den Krieg.

Gaston Bouthoul

Produktmanagement: Dagmar Becker-Göthel
Textredaktion: Alexander Seelos, München
Satz: Medienfabrik GmbH, Stuttgart
Herstellung: Bettina Schippel

Bibliografische Information der Deutschen Nationalbibliothek
Die Deutsche Nationalbibliothek verzeichnet diese Publikation
in der Deutschen Nationalbibliografie; detaillierte bibliografische
Daten sind im Internet über http: //dnb.d-nb.de abrufbar

Unser komplettes Programm:

www.bucher-verlag.de

Die Originalausgabe erschien unter dem Titel »Apocalypse«
© 2009 by Éditions Acropole, Paris
© der deutschen Ausgabe: 2010 Bucher Verlag, München
Alle Rechte vorbehalten
Druck und Bindung: Korotan Ljubljana d.o.o., Slowenien
ISBN 978-3-7658-1835-6

Inhalt

Berlin, 1945: Der erste russische Panzer.

Vorwort

Der Krieg – Menschen im Zweiten Weltkrieg ist der Titel einer sechsteiligen Sendereihe von Isabelle Clarke, einer Regisseurin, die bereits viele Auszeichnungen erhalten hat, darunter den *Grand Prix du film de patrimoine,* den Silbernen Adler des Internationalen Festivals des Geschichtsfilms und den französischen Fernsehpreis für den besten Dokumentarfilm. Exaktheit und ein hervorragendes Gespür für den Filmschnitt zeichnen Isabelle Clarkes Arbeit aus und werden auch zum Erfolg ihrer neuen Dokumentarserie beitragen.
Den Anlass zu einer solchen Dokumentation gab der siebzigste Jahrestag des Kriegsbeginns: 1939–2009. *France Télévisions*, das öffentlich-rechtliche französische Fernsehen, hatte sich zum Ziel gesetzt, das vorhandene Bildmaterial in hoher Auflösungs- und Farbqualität neu zu bearbeiten. Isabelle Clarke wurde mit der Regie beauftragt, ich mit den Kommentaren. Tief bewegt begegnete ich bei dieser Arbeit meinen Lehrmeistern Jean-Louis Guillaud und Henri de Turenne wieder, zwei Autoren, die in Frankreich Fernsehgeschichte geschrieben haben. Sie haben *Die großen Schlachten* konzipiert. Diese von 1967 bis 1974 produzierte und weltweit übernommene 13-teilige Dokumentation zeugt vom Talent der beiden und ist das Ergebnis einer beispiellosen Recherchearbeit in den Filmarchiven. Auf ihr beruht auch unser neues Werk.

Wir folgen dem Konzept, die Geschehnisse von einer höheren Warte aus zu betrachten. Kriegsgeschichte soll so weniger als Sieg einer Seite über die andere gezeigt werden, sondern als das, was Krieg durch den Verlust zentraler menschlicher Werte stets ist: eine Niederlage aller Seiten. Wir alle verabscheuen den Krieg. Dennoch zeigen wir ihn, und wir haben hierfür Filmausschnitte aus den Archiven aller beteiligten Nationen verwendet.

Dass wir die in Schwarzweiß aufgenommenen Bilder heute in Farbe zeigen können, ist der modernen digitalen Bildtechnik zu verdanken.
Das Verfahren, das man lange Zeit als »Kolorieren« bezeichnete und oft mit der exzessiven Farbigkeit nachkolorierter Spielfilme assoziierte, stieß anfangs auf Ablehnung. Mir persönlich erschien es als technisches Wunder. Zu Beginn meiner Laufbahn war

Ein ungewohntes Bild: Hitler stellt vor der Machtergreifung bei einer SA-Versammlung die »sozialistische« Seite des Nationalsozialismus heraus und hebt die Faust!

April 1945. Ein russisches Halbkettenfahrzeug überfährt einen Mann in Berlin.

ich Regieassistent. Ich erlebte große Regisseure bei der Vorbereitung zu Dreharbeiten, ihre Hoffnung, in Farbe drehen zu können und ihre tiefe Enttäuschung, wenn ihnen das kostengünstigere Schwarzweiß aufgezwungen wurde. Kameraleute ließen sich als Ausweg aus diesem Dilemma die viel beschworene »Magie der Schwarzweiß-Bilder« einfallen. Noch stärker waren die Kriegsreporter durch das Schwarzweiß eingeschränkt: das Blau des Himmels am Tag einer Schlacht, das Braun der Erde, das Rot des Blutes … Einige Filmer haben mir davon erzählt. Sie sprachen von den Farben, die in ihrer Erinnerung vorhanden waren, die in den Bildern, welche wir sahen, aber fehlten. Wir entwickelten daher ein eigenes Verfahren der »farblichen Bearbeitung« – ich ziehe diese Bezeichnung vor.

Wir erkannten dabei, dass dem Historiker bei dieser »farblichen Bearbeitung« eine zentrale Rolle zukommt. Ein Techniker kann jedes beliebige Grün über eine Uniform legen, die möglichen Farbschattierungen gehen in die Hunderte. Doch nur *eine* Farbnuance ist die richtige. Um sämtliche Farben mit digitaler Farbbearbeitung für jedes Detail wirklichkeitsgetreu festlegen zu können, waren tagelange Recherchen für jede einzelne Minute Sendezeit nötig. Wir sind bei der »farblichen Bearbeitung« des Materials für *Der Krieg – Menschen im Zweiten Weltkrieg* mit akribischer Genauigkeit vorgegangen. Gleichzeitig kamen die

phänomenalen technischen Entwicklungen der letzten Jahre zum Einsatz. Das Ergebnis ist frappierend. Die Filme sind nicht mehr verkratzt, und es »schneit« auch nicht darauf, denn dank des technischen Fortschritts sind wir heute in der Lage, Bilder so zu rekonstruieren, wie sie der Kriegsreporter vor siebzig Jahren durch seine Linse sah.

Wie stark wir, die wir in der Welt der Filmarchive leben, berührt sind von diesen Wundern der Computertechnik – anders kann ich es nicht bezeichnen –, möchte ich hier nicht verhehlen.

Ebenso erstaunlich ist, wie viele Filmdokumente es immer noch zu entdecken gibt – für mich ehemals unvorstellbar. Bis heute kann ich es kaum fassen, dass wir nach so langer Zeit in *Der Krieg – Menschen im Zweiten Weltkrieg* einen hohen Prozentsatz bislang unbekannter Bilder zeigen können. Apropos, ich spreche lieber von »unbekannten« als von »bisher nie gesehenen« Bildern, denn eine Einstellung, die wir zum ersten Mal sehen, mag durchaus bereits irgendwo gezeigt worden sein. Jedenfalls sind viele der Filmausschnitte, aus denen unsere Dokumentarreihe zusammengestellt ist – sie enthält keine Interviews –, unbekannte Dokumente.

Das Material stammt aus Archiven der ganzen Welt, deren Fundus über die Jahre und Jahrzehnte enorm angewachsen ist. Es dauert lange, Filmdokumente zu erschließen und zu katalogisieren. So eröffnen sich

Einige Daten

1870–1871: Deutsch-französischer Krieg. Niederlage Frankreichs und Annektierung Elsass-Lothringens durch das Deutsche Reich

1914–1918: Erster Weltkrieg. Zehn Millionen Tote

1919: Unterzeichnung des Friedensvertrags von Versailles. Frankreich erhält Elsass-Lothringen zurück und besetzt die linksrheinischen Gebiete

1921: Adolf Hitler wird Parteichef der rechtsextremen und antisemitischen Nationalsozialistischen Deutschen Arbeiterpartei (NSDAP)

1925: Veröffentlichung von Hitlers *Mein Kampf*. In diesem Werk kündigt er seine Absicht an, Frankreich zu zerstören und die Juden zu vernichten

1933: 30. Januar. Hitler wird auf *legalem* Weg Reichskanzler

1933: 22. März. Eröffnung des ersten Konzentrationslagers in Dachau bei München

1933: 26. April. Gründung der Gestapo durch den damaligen preußischen Innenminister Hermann Göring

1933: 10. Mai. Bücherverbrennung. Werke jüdischer und oppositioneller Autoren landen in den Flammen

1934: 2. August. Tod des Reichspräsidenten Paul Hindenburg. Hitler ruft sich zum »Führer« des Deutschen Reiches aus

1935: 16. März. Hitler führt die Wehrpflicht wieder ein – ein klarer Bruch des Versailler Friedensvertrages

1935: 15. September. Verkündung der Nürnberger Rassengesetze

1936: Olympische Spiele in Deutschland

1936: Sieg der Linken in Frankreich: Die Volksfront gewinnt die Parlamentswahlen

1936: Beginn des spanischen Bürgerkriegs

1938: 12. März. Einmarsch der deutschen Wehrmacht in Österreich, sogenannter »Anschluss« Österreichs

1938: 29. September. Münchner Konferenz. Die Tschechoslowakei wird Hitler überlassen

1939: 23. August. Unterzeichnung des Hitler-Stalin-Pakts. Ein geheimes Zusatzprotokoll regelt die territoriale Aufteilung Polens und der baltischen Staaten

1939: 1. September. Deutsche Truppen greifen Polen an

1939: 3. September. Frankreich und Großbritannien erklären Deutschland den Krieg

immer wieder neue Möglichkeiten, an die wir früher nicht zu denken gewagt hätten.

Bei der Recherche in Filmarchiven habe ich mich oft wie in der Höhle Ali Babas gefühlt, ständig stößt man auf neue Schätze, die einen in Begeisterung versetzen. Das Unerwartete stellt hier die Regel dar und versetzt einen in regelrechtes Jagdfieber. Diese Leidenschaft ist ansteckend, und daher werden Isabelle Clarke und ich auch in Zukunft Schätze »unbekannter Bilder« vorstellen.

Das vorliegende Werk ist das Buch zu einer Sendereihe mit dem Titel »Der Krieg«. Jedes Kapitel trägt den Titel der jeweiligen Sendung. Die hier veröffentlichten Fotos wurden als Standbilder aus dem zugehörigen Filmmaterial gewonnen. Es sind also keine von einem Fotografen aufgenommenen Einzelbilder, und insofern kann man von Bildern sprechen, die bisher nie veröffentlicht worden sind.

Daniel Costelle

Es kennzeichnet die Deutschen, dass man über sie selten völlig unrecht hat. Die deutsche Seele hat Gänge und Zwischengänge in sich, es gibt in ihr Höhlen, Verstecke, Burgverliese; ihre Unordnung hat viel vom Reiz des Geheimnisvollen; der Deutsche versteht sich auf die Schleichwege zum Chaos.

Friedrich Wilhelm Nietzsche

Der Satan der italienischen und engländischen Dichter mag poetischer sein; aber der deutsche Satan ist satanischer. Gewiss ist er ein Favorit deutscher Dichter und Philosophen. Er muss also auch wohl sein Gutes haben; und wenn sein Charakter in der unbedingten Willkürlichkeit und Absichtlichkeit und in der Liebhaberei am Vernichten, Verwirren und Verführen besteht, so findet man ihn unstreitig in der schönsten Gesellschaft.

Friedrich von Schlegel

Der ewige Friede ist ein Traum und zwar nicht einmal ein schöner Traum. Der Krieg ist ein Element der von Gott eingesetzten Ordnung. Die edelsten Tugenden des Menschen entfalten sich daselbst: der Mut und die Entsagung, die treue Pflichterfüllung und der Geist der Aufopferung. Der Soldat gibt sein Leben hin. Ohne den Krieg würde die Welt in Fäulnis geraten und sich im Materialismus verlieren.

Helmuth Graf von Moltke

Berlin, April 1945.
Es sollte ein für alle Mal
zu Ende sein

Russische Panzer dringen in die deutsche Hauptstadt ein.

Europa ist vom Nazi-Terror befreit.
Letzte Gefechte der Roten Armee.

Hauptmann Josef Prautow, russischer Offizier:

»Der Hass war so abgrundtief. Wir wollten diesen Krieg beenden, diese Macht vernichten, die uns hatte töten wollen. Es sollte ein für alle Mal zu Ende sein.«

Leopold von Ranke (1795–1886):

»Was Menschen und Staaten ins Verderben führt, ist weder Verblendung noch Unwissenheit. Sie entdecken meist sehr bald, wohin sie der eingeschlagene Weg führt. Doch in ihnen existiert ein angeborener und durch die Gewohnheit verstärkter innerer Antrieb, dem sie nicht widerstehen können und der sie weiter ziehen wird, so lange sie noch einen Rest Energie haben. Wer sich in der Gewalt hat, ist ein elitäres Wesen. Die Mehrzahl der Menschen jedoch sieht ihren Untergang kommen und sie stürzen ihm entgegen.« ∎

Die letzte Inszenierung

Der Kameramann, der die letzten Filmaufnahmen von Hitler drehte, gehört zu den wenigen, die heute noch leben. Für die Aufnahmen musste man eigens ein intakt gebliebenes Gebäude finden, die Kinder in Uniformen als letztes Aufgebot präsentabel arrangieren, während die Russen beständig vorrückten und 100 Meter weiter bereits Granaten einschlugen …

April 1945. In Berlin wüten die letzten Kämpfe.

Der Zweite Weltkrieg fordert 50 Millionen Menschenleben.
Mehr als die Hälfte von ihnen sind Zivilisten.

Für die deutschen Frauen geht das Drama weiter, auch als die Kanonen schweigen.

Eine Frau in Berlin

Dieses verstörte Gesicht einer deutschen Frau könnte auch das der Journalistin Martha Hillers sein, die, zunächst anonym, ihr Tagebuch veröffentlichte. Ihr herausragender, unter die Haut gehender Bericht, *Eine Frau in Berlin*, erzählt von Leiden, wie sie Hunderttausende Frauen durchgemacht haben, die 1945 von Rotarmisten vergewaltigt wurden. ■

1. September 1939. Am frühen Morgen machen
sich auf einem Flugplatz nahe der polnischen Grenze
Heinkel He 111-Bomber der deutschen Luftwaffe
startbereit.

Überfall auf Polen

Einige Daten

30. Januar 1933: Hitler kommt an die Macht
29. Februar 1936: Verabschiedung des zweiten Neutralitätsgesetzes in den USA
12. März 1938: Sogenannter »Anschluss« Österreichs
1. September 1939: Einmarsch der Wehrmacht in Polen
2. September 1939: Generalmobilmachung in Frankreich
8. November 1939: Attentat auf Hitler im Münchener Bürgerbräukeller
10.-13. April 1940: Schlacht um Narvik
3. April-15. Mai 1940: Massaker von Katyn

Hitlers Machtergreifung

Kurfürstendamm, 1932. Die »Champs-Élysées von Berlin« bilden das attraktive Schaufenster Deutschlands, das die Krise noch nicht überwunden hat. Ein Kriegerdenkmal erinnert an die Millionen Gefallenen des Ersten Weltkriegs. Marlene Dietrich singt in *Der blaue Engel*. Berlin ist eine der großen europäischen Kulturmetropolen und eine der freiesten Städte der Welt.
1933 kommt der Umschwung.
Hitler und seine bewaffneten SA-Milizen mit ihrer Hymne, dem Horst-Wessel-Lied, schaffen in Deutschland ein Klima der Einschüchterung und Volksverhetzung und wissen die Verbitterung vieler Deutscher geschickt für ihre Zwecke einzusetzen. Die Nazis ziehen Nutzen aus der Uneinigkeit der linken Parteien. Die moskautreuen deutschen Kommunisten sehen in den Sozialisten ihre wahren Gegner.

Hitler kommt am 30. Januar 1933 auf legalem Weg an die Macht. Innerhalb weniger Monate errichtet er eine Diktatur. Deutschland wird zum Führerstaat. Der Hitlergruß wird Pflicht.
Hitler hämmert dem Volk pausenlos seine grob gestrickten Leitformeln ein: »Vor uns liegt Deutschland, in uns marschiert Deutschland, und hinter uns kommt Deutschland.«
Zwar stehen die Deutschen keineswegs geschlossen hinter Hitlers Ideen, doch dieser besitzt in der Massenbeeinflussung ein außerordentliches Geschick.

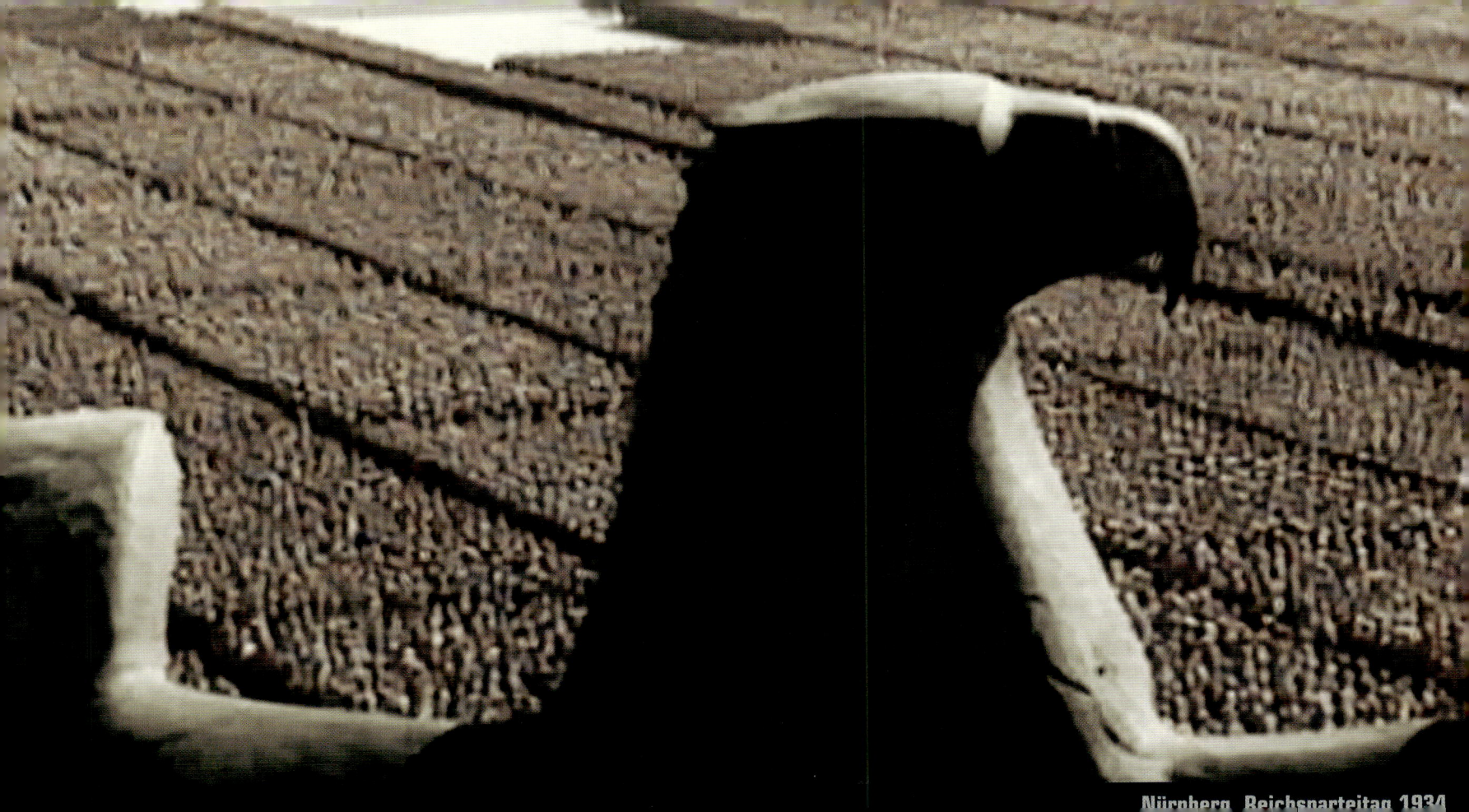

Nürnberg, Reichsparteitag 1934

Mein Kampf

Unmissverständlich legt Hitler in *Mein Kampf* seine Ziele dar – er nennt sie »Missionen«. Für den verbitterten Weltkriegsveteranen lautet die erste »Mission«, Frankreich zu zerstören und die »Schmach« des Versailler Vertrags zu tilgen, der Deutschland seiner Armee und eines Teils seiner Gebiete beraubt hat. Hitler plant, »Lebensraum« zu erobern. Deutschland hat 48 Millionen Einwohner, doppelt so viele wie Frankreich. Er will es zu einer Weltmacht machen.

Der pathologische Judenhasser setzt sich als zweite »Mission« das Ziel, die arische Rasse zu stärken, und stellt die Juden als diejenigen hin, die am Ersten Weltkrieg, an der Niederlage, an der Inflation und der Arbeitslosigkeit die Schuld tragen. Der nächste Krieg sollte ein Krieg gegen die Juden sein.

Hitler strebt außerdem die Vereinigung aller deutschsprachigen Gebiete unter dem Dach des Deutschen Reiches an. Er beginnt mit dem »Anschluss« seiner Heimat Österreich, wo sofort dieselbe Schreckensherrschaft wie in Deutschland installiert wird: Unweit von Linz wird das KZ Mauthausen eröffnet – eines der schlimmsten Lager.

Das Münchner Abkommen

Wer wird Hitlers nächstes Opfer? Die benachbarte Tschechoslowakei. Die Krise um das Sudetenland bedroht den Frieden. Frankreich und Großbritannien versuchen einen Krieg abzuwenden.
Als letzte Chance sehen sie die Münchner Konferenz, ein Treffen der Regierungschefs, das am 29. und 30. September 1938 stattfindet. Der immer bedrohlicher auftretende Hitler und der mit ihm verbündete »Erfinder« des Faschismus, der italienische Diktator Benito Mussolini, treffen auf die Vertreter der westlichen

Demokratien – die erschöpften Sieger des Ersten Weltkrieges. Der britische Premier Chamberlain und der französische Ministerpräsident Daladier meinen den Frieden retten zu können, indem sie das Inakzeptable hinnehmen: Die Tschechoslowakei soll das Sudetenland an Hitler abtreten. Im Gegenzug leistet dieser ein »feierliches Versprechen«, nie mehr Gebietsansprüche zu erheben.

Die Aufteilung der Tschecho- slowakei

Knapp sechs Monate später besetzt Hitler am 15. März 1939 die restliche Tschechoslowakei und zieht mit Generalfeldmarschall Göring in Prag ein. Göring beschenkt tschechische Kinder mit Gebäck. Die NS-Propaganda inszeniert die Freude der Menge.

Benito Amilcare Andrea Mussolini (1883-1945), der *Duce*

Bei den Dreharbeiten zu *Battlefield – Die Schlacht um Italien* äußerte ein italienischer Historiker: »Im Grunde hätte Mussolini wie Franco in seinem Bett sterben können. Leicht erträglich war seine Herrschaft nicht, aber sie wurde zumindest erduldet. Hätte er nur nicht Fehler über Fehler gemacht.« Mussolini traf viele Fehlentscheidungen. Das Schlimmste, was er angerichtet hat, war, Italien in einen Krieg gegen Frankreich, England und Amerika hineinzuziehen. Die Italiener erschossen ihn am 28. April 1945 und hängten seine Leiche kopfüber in Mailand auf. ■

Hermann Göring in Prag, 1939.

Arthur Neville Chamberlain (1869–1940)

Konservativer britischer Premierminister (1937–1940). Er verkörpert gemeinsam mit Edouard Daladier den Geist des Münchner Abkommens: die *Appeasement*-Politik gegenüber Hitler. 1940 macht er den Weg frei für Winston Churchill und den Sieg über den Nazismus. ■

Edouard Daladier (1884–1970)

Radikalsozialistischer Politiker, seit 1938 französischer Ministerpräsident. Auf Drängen Chamberlains unterzeichnet er widerstrebend das Münchner Abkommen und erwartet, in Paris dafür ausgebuht zu werden. Stattdessen wird er von der Menge mit Applaus empfangen, was ihn zu seinem berühmten Ausspruch »Ah, die Dummköpfe…« veranlasst. 1940 von der Vichy-Regierung inhaftiert, war er ab 1943 in Deutschland interniert. Neue politische Karriere nach dem Krieg. ■

Hitler erläutert seinem Umfeld, darunter Himmler, im August 1939 den deutsch-sowjetischen Nichtangriffspakt.

Die UdSSR

Die letzte Hoffnung, dass Hitler noch gebremst werden könnte, ruht auf der Union der Sozialistischen Sowjetrepubliken (UdSSR). Das kommunistische Russland und Frankreich sind durch einen Beistandspakt verbunden. Manipulierte Massenkundgebungen auf dem Roten Platz sollen das diktatorische Regime Stalins verschleiern, der Millionen Unglücklicher in das Lagersystem des »Archipel Gulag« getrieben hat. Durch forcierte Industrialisierung und Militarisierung hat sich das Land zu einer Großmacht entwickelt. Im Westen baut man trotz der Scheu vor dem Kommunismus auf die UdSSR.

Die Allianz zwischen Hitler und Stalin

Doch Hitler kommt den Franzosen und Briten zuvor. Im Sommer 1939 bereitet er auf seinem Berghof bei Berchtesgaden mit Außenminister Ribbentrop den nächsten Schachzug vor. Hitler, der geschworen hat,

den Kommunismus zu vernichten, schickt Ribbentrop nach Moskau, um mit seinen schlimmsten Feinden einen Vertrag abzuschließen. Für die Nazi-Würdenträger, die der Pakt mit Stalin schockiert, werden Erklärungen nötig …

Hitler behauptet gegenüber Vertrauten, darunter die SS- und Gestapo-Chefs Heydrich und Himmler sowie Martin Bormann, dieses vorläufige Bündnis solle ihm freie Hand für eine neue Expansion mit Stoßrichtung Polen geben.

Verblüffung auch bei den Kommunisten: Was soll dieser Nichtangriffspakt? Die Sowjets werden antworten: »Stalin wollte Zeit gewinnen. Er wollte Hitler und dem Westen Gelegenheit geben, sich gegenseitig umzubringen.«

Stalin hegte außerdem die Illusion, sich Europa auf lange Frist mit Hitler teilen und einen Teil Polens und das Baltikum annektieren zu können.

Der Pakt ist für die ganze Welt ein Zeichen, dass Krieg bevorsteht. Die amerikanische Regierung ruft die US-Bürger, die sich an Bord des französischen Ozeandampfers *Normandie* befinden, in die Heimat zurück. Der elegante Ozeanliner wird zum Symbol einer untergehenden Epoche, er steht für Stil, Lebensgenuss, Fortschritt und Frieden.

Der Kongress der Vereinigten Staaten hatte 1936 ein Neutralitätsgesetz verabschiedet, um nicht noch einmal in einen Krieg in Europa hineingezogen zu werden.

Die *Normandie*, vielleicht der schönste je gebaute Ozeanliner. 80.000 Bruttoregistertonnen, Platz für 2000 Passagiere, 1935 in Dienst gestellt. 1942 wurde sie im Hafen von New York durch einen Brand zerstört.

Josef Dschugaschwili alias Stalin (»Der Stählerne«), russischer Diktator georgischer Herkunft (1879–1953)

Alles über ihn ist bereits gesagt worden. Man kann es ausgezeichnet bei Boris Suwarin, Arthur Koestler, Alexander Solschenizyn, Alain Besançon, Alexander Sinowjew oder im *Schwarzbuch des Kommunismus* nachlesen. Stalin hat mit Sicherheit mehr Russen auf dem Gewissen als Hitler, aber seine Rolle für den Ausgang des Krieges war so gewichtig, dass er als einer der großen Sieger aus ihm hervorgegangen ist, selbst wenn er mit dem Pakt vom 23. August 1939 seinen Ausbruch begünstigte und mit Lieferungen von Erdöl und anderen strategischen Rohstoffen zu Hitlers Sieg in Frankreich beitrug.

Er war ein pathologischer Mörder und besiegte einen anderen pathologischen Mörder. ■

Der erste Kanonenschuss des Zweiten Weltkriegs wird auf Danzig abgegeben.

1. September 1939: Hitlers Überfall auf Polen

Da weder von russischer noch von amerikanischer Seite Schwierigkeiten zu erwarten sind, beschließt Hitler, der »größten Monstrosität des Versailler Vertrags« ein Ende zu setzen: dem Danziger Korridor. Die Wiedergewinnung Danzigs und der Einmarsch in Polen sollen am 1. September um 5.35 Uhr beginnen. Hitler vertraut darauf, dass die Engländer und Franzosen stillhalten werden. Doch beide üben augenblicklich den Schulterschluss, mit der ultimativen Aufforderung an Hitler, sämtliche Kriegshandlungen gegen Polen einzustellen. Hitler erklärt: »Sie sind kleine Würmchen, unfähig, eine wirkliche Entscheidung zu treffen.« Er fügt hinzu: »Wer wird sich wegen Danzig in einen Weltkrieg verstricken wollen?«

3. September 1939: Großbritannien und Frankreich erklären Deutschland den Krieg

Am 3. September 1939 um 11 Uhr überbringt der britische Botschafter in Berlin die Kriegserklärung, die französische folgt um 17 Uhr. Hitler ist vor den Kopf geschlagen.
Sein Dolmetscher Schmidt erinnert sich: »Er saß wie versteinert da und sah blicklos vor sich hin.« General Jodl bemerkt: »Zum ersten Mal hat den Führer sein Instinkt getrogen.« Die deutschen Generäle sind mit dem Szenario konfrontiert, das sie am meisten gefürchtet haben: einem Zweifrontenkrieg. Doch die Würfel sind gefallen. Hitler befiehlt eine Offensive der Wehrmacht in Polen.

Paris, Gare de l'Est, 3. September 1939

Viele dieser Männer fuhren schon einmal vor 25 Jahren von denselben Bahnsteigen ab, doch damals war die Begeisterung eine andere. Im August 1914 bestiegen sie »mit einer Blume im Gewehrlauf« die Züge, heute gibt es weder Blumen noch Gewehre. Niemand hat Lust auf diesen neuen Krieg, nicht einmal die Regierung. Sie steht nicht mit Überzeugung hinter den starken Gesten, zu denen sie sich verpflichtet sieht. Frankreich mobilisiert vier Millionen Soldaten, die meisten davon Bauern – das Land ist noch zum Großteil agrarisch geprägt. Sie setzen sich in Richtung deutsche Grenze in Marsch, die Offiziere zu Pferde hinterher. In allen Heeren dieser Zeit spielen Pferde noch eine große Rolle und werden nun umfangreich requiriert. Die Motorisierung ist noch nicht weit fortgeschritten.

Sogar große Stars und Schauspieler wie Fernandel werden eingezogen.

Gaston Cirech aus Moissac im Département Tarn-et-Garonne, ein LKW-Fahrer mit uraltem Gefähr⸱, erklärt: »Es war haarsträubend, wie wenig Kriegsmaterial wir hatten! Ein Gewehr pro LKW – für zwei Mann. Wir hatten eine Schachtel mit zehn Patronen, aufmachen durften wir sie nicht. So ein Elend! Wir hätten schon gekämpft, wenn wir nur etwas zum Kämpfen gehabt hätten. Den *Boches*, den deutschen Fritzen, hätten wir's gezeigt!«

Die »*Boches*«

»Boches«, der Schimpfname für deutsche Soldaten, hatte sich seit den letzten Kriegen bei den Franzosen eingebürgert. Andere abfällige Namen waren »Schlöh«, »Fritz«, »Frisé«, »Fridolin«, »Kartoffelkäfer« oder *»vert-de-gris«*, das von der feldgrauen Farbe der Wehrmachtsuniform abgeleitet war.

Der junge Deutsche August von Kageneck schreibt: »Ich hielt die militärische Laufbahn für die beste Wahl. Meine Eltern bestärkten mich darin. Mein Vater sagte oft: ›Dort kannst du wenigstens noch das Maul

aufmachen und sagen, was du denkst, und musst nicht den Hitlergruß zeigen‹.« Im September 1939 ist August von Kageneck noch in der Ausbildung zum Panzeroffizier. »Mein Vater war General. Er sagte

Die Saar-Offensive (1939) und ihre Beute: Fahrräder.

zu mir: ›Die Franzosen haben 40 Divisionen an der Grenze und wir nur 15, der Rest ist in Polen. 500.000 Mann gegen 200.000. Sie sind doppelt so stark wie wir‹.«

Die Saar-Offensive

Optimistisch greifen die Franzosen am 7. September 1939 an. Die Saar-Offensive soll der Öffentlichkeit demonstrieren, dass man Polen nicht im Stich lässt. Sie dringen acht Kilometer weit vor. Der Armeefilmdienst feiert die Kriegsbeute: Fahrräder. Dann gerät die Offensive ins Stocken und läuft in eine Reihe von Scharmützeln aus, getragen von Stoßtrupps, den *Corps francs*. Joseph Darnand wird für seinen Heldenmut als »Erster Soldat Frankreichs« geehrt. Nach dem Krieg wird er als einer der militantesten Kollaborateure der Deutschen hingerichtet werden.

Trotz zahlenmäßiger Überlegenheit rückt das französische Heer nicht vor. Der 67-jährige Befehlshaber Maurice Gamelin wird zum »Generalissimus« ernannt

Die »*Boches*«.

Maurice Gamelin (1872–1958)

Französischer General. Leistete im Ersten Weltkrieg einen maßgeblichen Beitrag zum Sieg an der Marne und zur Zurückschlagung der deutschen Offensive von 1918. 1939/40 Oberbefehlshaber der alliierten Streitkräfte. Feinsinniger und kultivierter Intellektueller, hervorragender Organisator. Autor einer philosophischen Studie über die Kriegskunst. Später führen Auswirkungen einer Syphilis im Spätstadium vermehrt zu widersinnigen Entscheidungen, die mit zu Frankreichs Kriegsdebakel beitragen. So versäumt er, bereits im September 1939 anzugreifen, als Deutschlands Westgrenze kaum geschützt ist. Alt, krank und verwirrt wird er nach Deutschland deportiert. Er bleibt in Frankreich das Symbol der Niederlage von 1940. ■

Joseph Darnand (1897–1945)

Wie viele Veteranen des Ersten Weltkriegs in militanten rechtsextremen Gruppierungen aktiv. 1939/40 Held in den Stoßtrupps *corps francs*. Später als Chef der unheilvollen *Milice* und Verantwortlicher im Sicherheitsdienst einer der übelsten Kollaborateure. Tritt der SS bei. Nach Kriegsende erschossen. ■

General Gamelin verteilt Zigaretten.

und ist nun Oberkommandierender über die alliierten französischen und britischen Streitkräfte, da die Truppenstärke auf französischer Seite die der Briten übersteigt. In England nimmt man den Krieg noch nicht ernst und meint, er werde sich schon wieder legen. Auch Gamelin will keine Neuauflage des Ersten Weltkriegs und möchte um jeden Preis neues Blutvergießen vermeiden. Seiner Schätzung nach wird es zwei Jahre dauern, bis er im Schutz der Maginot-Linie die Wiederaufrüstung bewerkstelligt hat.

Maginot-Linie bildete eine 500 Kilometer lange Kette von Geschütztürmen, die sich von der Schweiz bis Luxemburg zog und durch ein Labyrinth unterirdischer Gänge verbunden war, in denen 200.000 Mann auf ihren Einsatz warteten.

Die Maginot-Linie

Auf Initiative des französischen Ministers André Maginot wurden Festungsanlagen als unüberwindbarer Sperriegel gegen die deutschen Truppen geschaffen. 16 Jahre Arbeit steckten darin. 1,5 Millionen Kubikmeter Beton und 150.000 Tonnen Stahl. Die

Im Norden endete die Maginot-Linie am Mittelgebirge der Ardennen. Dieses galt nach Meinung des französischen Generalstabs für Panzer als unüberwindbar, und da Belgien vor seiner Neutralitätserklärung (1936) mit Frankreich verbündet war, war der Verteidigungswall nicht bis zum Meer verlängert worden. Dieser Teil der Front wird gemeinsam von französischen Truppen und dem britischen Expeditionskorps gehalten, das durch Kanadier und Kontingente aus dem Britischen Weltreich verstärkt wird. Ihr Lieblingslied: »Wir trocknen unsere Wäsche an der Siegfried-Linie.« – Hitler hat diesen Verteidigungswall gegenüber der Maginot-Linie hochgezogen.

Triumphale Ankunft des britischen Expeditionskorps.

Die Kanadier.

Die Evakuierung der Elsässer und Lothringer

Die Deutschen greifen immer noch nicht an, da sie keinen Zweifrontenkrieg wollen. Dennoch evakuiert Frankreich die Elsässer und Lothringer ins Périgord und in die Charente. Welch ein Schicksal für diese Männer und Frauen, die immer wieder zwischen die Kriegsfronten geraten, jedes Mal gezwungen, die Nation zu wechseln! Alles räumt man aus den Gebäuden, einschließlich deren Seele – insbesondere die der Synagogen.

Die Bombardierung Warschaus

Am 20. September 1939 ordnet Hitler die Bombardierung Warschaus an, das eingeschlossen ist, aber nicht kapituliert. Damit will er nicht nur den Polen, sondern auch den Franzosen und Engländern Angst und Schrecken einjagen: »Seht, was euch erwartet!«

Hitler hört das unverkennbare Heulen eines Stukas – eines Sturzkampfbombers der Luftwaffe.

**Franklin Delano Roosevelt
(1882–1945)**

Als einziger Präsident der USA vier Mal in Folge gewählt. Ein entfernter Cousin von Theodore Roosevelt. Im Ersten Weltkrieg trifft er als Staatssekretär im Marineministerium zum ersten Mal auf seinen Amtskollegen Winston Churchill. Seit 1921 gelähmt infolge einer Erkrankung am Guillan-Barré-Syndrom. Seine Unterstützungsleistungen für die westlichen Demokratien gegen den Faschismus spielen im Zweiten Weltkrieg eine maßgebliche Rolle. Ihm ist zu verdanken, dass England durchhalten und die Welt sich schließlich von der totalitären Gefahr befreien kann. 1939 hat er noch Mühe, sich gegen den isolationistischen Zeitgeist in den USA zu behaupten, den auch sein Intimfeind, Charles Lindbergh, befördert. ■

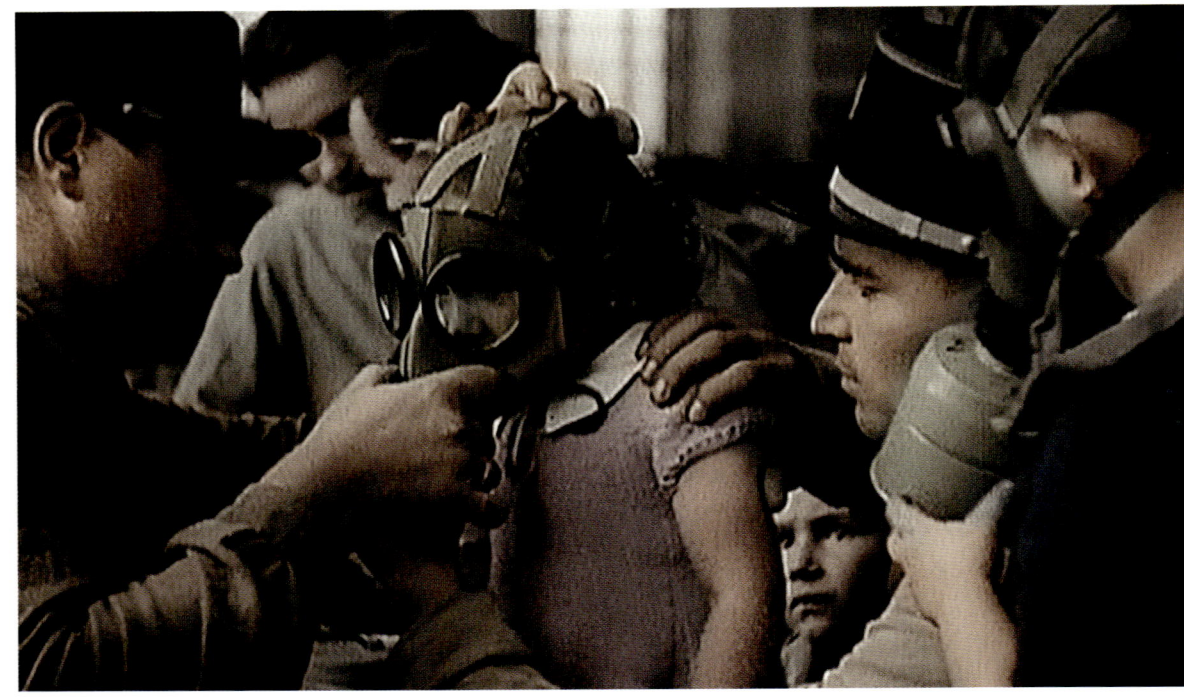

Die Welt ist schockiert

Präsident Roosvelt wendet sich an die amerikanische Nation: »Unser Land wird neutral bleiben, doch ich kann von keinem Amerikaner verlangen – selbst wenn er ebenfalls neutral bleiben will –, seine Augen, seinen Geist und sein Gewissen vor den Tatsachen zu verschließen.«

Die Bombardierung Warschaus macht die Verletzbarkeit der Städte offensichtlich. In Paris geht man daran, Baudenkmäler zu schützen und Meisterwerke aus den Museen in die Provinz auszulagern. Auf dem Marsfeld werden Luftschutzkeller gegraben, immer häufiger gibt es Luftschutzübungen. Jeder muss nun eine Gasmaske besitzen. Kampfgase wurden bereits im Ersten Weltkrieg eingesetzt und sind weithin gefürchtet.

Die Aufteilung Polens

In der Zwischenzeit wird Polen aufgeteilt: Die Russen besetzen, wie mit Hitler abgesprochen, die Hälfte des Landes. Sowjetische und deutsche Soldaten verbrüdern sich – ein Bild, das niemand für möglich gehalten hätte …

Die Nazis verteilen Flugblätter: »Die deutsche Wehrmacht grüßt die Rote Arbeiter- und Bauernarmee, für die sie schon immer tiefen Respekt empfunden hat.«

Die polnische Armee hat sich den Deutschen ergeben, ebenso im Osten den Sowjets. Stalin befiehlt die Exekution von 20.000 polnischen Gefangenen. Dahinter steht die Absicht, die Elite des Landes auszulöschen. 4.500 polnische Offiziere werden im Wald von Katyn in der Nähe der russischen Stadt Smolensk durch Nackenschüsse getötet.

Im Dezember 1941 empfängt Stalin den Chef der polnischen Exilregierung, General Sikorski, im Kreml. Sikorski übergibt ihm eine Liste der verschwundenen polnischen Offiziere. Stalin gibt sich überrascht. Er verspricht, Nachforschungen anzustellen – und organisiert nach Meinung mancher Historiker die

Beseitigung von Sikorskis. Mit der Besetzung halb Polens spielt Stalin jedoch Hitler in die Hand, der bereits eine Invasion der UdSSR plant.

Ab Oktober 1939 »kümmern« sich Hitler und Reichsführer-SS Heinrich Himmler um Polen. Hans Frank wird als »Generalgouverneur für die besetzten polnischen Gebiete« eingesetzt. Er verkündet: »Ich bin Herr über Leben und Tod des polnischen Volkes.« Nach dem Krieg wird er in den Nürnberger Prozessen wegen Verbrechen gegen die Menschlichkeit zum Tod durch den Strang verurteilt.

Kriegsgefangene polnische Offiziere.

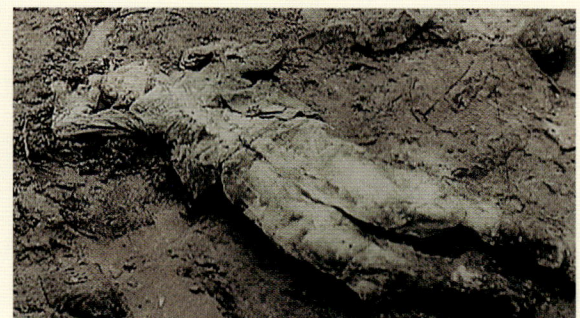

Tod im Wald von Katyn.

Händedruck zwischen sowjetischen und deutschen Offizieren.

Exilpolen überreichen Stalin eine Liste der verschwundenen Offiziere.

Sinti.

Todeszüge.

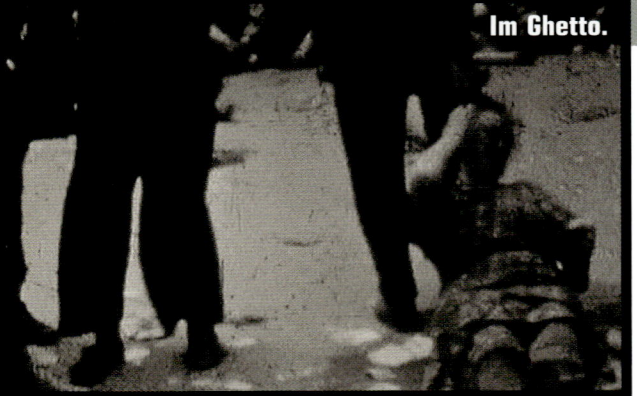

Im Ghetto.

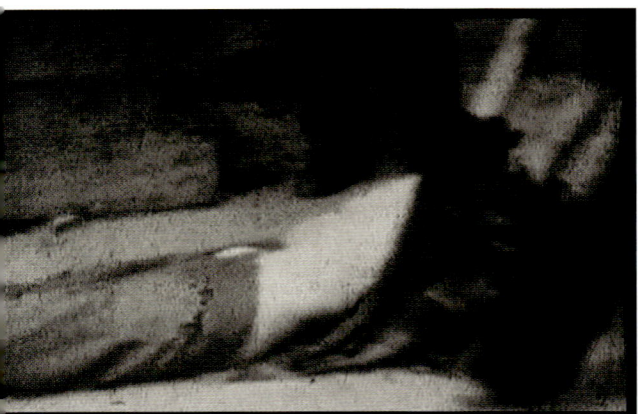

Die »Zigeuner«

Ein Deutscher filmt ein Camp, in dem Sinti und Roma interniert sind. Für die Nazis sind sie »minderwertig«. Frauen werden zwangssterilisiert, und es wird »Jagd auf Zigeunerwild« gemacht. Zu Hunderttausenden werden sie ins KZ geschickt. Schätzungen gehen von rund 500.000 Opfern unter den Sinti und Roma aus.

Die polnischen Ghettos

Für die Juden beginnt die bitterste Phase ihres Leidenswegs. Die Nazis halten nun drei Millionen polnische Juden in ihren Klauen. Noch stellt Hitler verschiedene Überlegungen an, welches Los er ihnen zukommen lassen soll. Solange der Krieg gut für ihn läuft, erwägt er ihre Deportation in Gebiete im Osten oder gar nach Madagaskar. Als das Kriegsglück sich wendet, radikalisiert sich die Haltung Hitlers und seiner Komplizen nochmals und endet im Völkermord. Die »Endlösung« wird beschlossen.

Zunächst müssen Juden den gelben Stern tragen. Dann werden sie in Ghettos gesperrt, die zum Teil ummauert sind. Ein Ghettobewohner hält in seinem Tagebuch fest: »Es ist herzzerreißend für uns, die schändlichen Gewaltszenen, die sich vor unseren Augen abspielen, mitzuerleben: Frauen und alte Menschen werden von diesen Schuften mitten auf der Straße verprügelt. Tränen steigen mir in die Augen. Unsere ganze Hilflosigkeit, unsere Isolierung zeigt sich auf diesen Straßen, wo niemand für uns eintritt. Wir sind so schwach.«

In jeder großen Stadt Polens richten die Nazis nun Ghettos ein, in die auch deutsche, österreichische und tschechische Juden gesteckt werden. Noch wirken die Juden zuversichtlich und ruhig. Noch hoffen sie, eines Tages nach Hause zurückzukehren … Sie wissen nicht, dass sie verhungern und erfrieren werden. Sie wissen nicht, dass bald der Holocaust beginnt.

Judenstern.

Juden werden deportiert.

Ghetto von Lodz.

Der »Sitzkrieg«

Im zerbombten Warschau präsentiert sich Hitler den Kameras. Doch die Erobererpose überspielt tiefe Besorgnis. Die Soldaten der Wehrmacht mögen noch so schneidig vorbeiparadieren – sie haben in Polen nicht gerade eine Glanzleistung abgeliefert. Schlechte Vorbereitung, mangelnder Kampfgeist, ja sogar Fälle von Disziplinlosigkeit – all das weiß Oberbefehlshaber General von Brauchitsch dem Führer zu berichten.

Hitler tobt, doch er lässt Bedenken nicht aufkommen und ordnet an, sich zum Angriff im Westen gegen die Niederlande, Belgien und Frankreich zu rüsten. Undurchführbar, sagen die Generäle, einige spielen sogar mit dem Gedanken an Hitlers Sturz.

Es ist ein entscheidender Moment, in dem die Weltgeschichte eine andere Wendung hätte nehmen können. Am 8. November 1939 entgeht Hitler in München einem Bombenattentat des Schreiners Georg Elser. In den Augen vieler scheint Hitler unter dem Schutz der Vorsehung zu stehen.

Der Krieg tritt in eine bizarre Phase ein, die die Deutschen als »Sitzkrieg«, die Engländer als *Phoney War* und die Franzosen als *drôle de guerre* bezeichnen werden.

Hitler in Warschau.

Wie im vorangegangenen Krieg harren die Soldaten aus
und behelfen sich mit dem, was es gibt. Wer ein Strohlager hat,
kann sich glücklich schätzen.

Ein Franzose späht über den Rhein.

Der Winter 1939–1940 ist einer der kältesten des
Jahrhunderts. Auch die folgenden Kriegswinter
werden ungewöhnlich streng und erhöhen das Leid
der Menschen.

1940

Oberbefehlshaber Gamelin erwartet, dass die Deutschen wie schon 1914 über Belgien vorstoßen, da sich von dort bis Paris eine offene Ebene erstreckt. Er plant, dem deutschen Angriff auf belgischem Boden entgegenzutreten.

Oberst de Gaulle, zu diesem Zeitpunkt bereits ein bekannter französischer Panzeroffizier, kritisiert das, was er »den Maginot-Geist« nennt: eine Strategie, die darin bestünde, »zu warten, dass die anderen etwas tun«.

Churchill ist inzwischen der starke Mann im britischen Parlament. »Wir müssen zur Offensive übergehen«, beschwört er Gamelin bei dessen Besuch in London.

Ein französisch-britisches Expeditionskorps wird gebildet. Es soll zunächst Finnland unterstützen, das von der Sowjetunion angegriffen worden ist. Doch Finnland schließt nach heldenhaftem Widerstand Frieden mit Russland. Gleichzeitig erobert Hitler innerhalb weniger Tage Dänemark und Norwegen. Frankreich entsendet seine Elitetruppe nach Norwegen.

Gamelin und Churchill in London, 1940.

Sir Winston Leonard Spencer Churchill (1874–1965), Duke of Marlborough

Britischer Premierminister von 1940 bis 1945 und 1951–1955. Literaturnobelpreis 1953. Churchill geht 1900 in die Politik. Er erlangt im Burenkrieg Berühmtheit. Mitverantwortlicher des militärischen Debakels bei Gallipoli an den Dardanellen (1915–1916). Er macht den Ansehensverlust mehr als wett, als er im Zweiten Weltkrieg zum personifizierten Symbol des Widerstands gegen Hitler avanciert. ∎

Ein Infanterist der Fremdenlegion mit traditionellem Bart.

»Die Eisenerzroute ist blockiert«

50 Prozent der Eisenerz-Lieferungen für die deutsche Kriegsindustrie kommen auf dem Seeweg aus dem – neutralen – Schweden und werden über den norwegischen Hafen Narvik verschifft. Das französisch-britische Expeditionskorps landet am Fjord von Narvik. Narvik wird nach einmonatigem Kampf eingenommen, in dem 5.000 Soldaten getötet oder verletzt werden.

»Die Eisenerzroute ist blockiert«, verkünden die Alliierten. Das Stimmungsbarometer bei den Franzosen steigt wieder. »Wir werden siegen, weil wir die Stärksten sind«, lautet das neue Schlagwort in Frankreich. Doch die Tage des Expeditionskorps in Narvik sind gezählt, und die Waggons mit schwedischem Eisenerz für die deutsche Rüstungsindustrie werden den ganzen Krieg über rollen. Der Westfeldzug hat begonnen.

Frankreich beginnt seinen Rückstand aufzuholen und baut immer mehr Kampfflugzeuge wie diese Bomber vom Typ *LeO 45*. Auch eine Sabotagekampagne der Kommunisten auf Geheiß Moskaus, das seinen Nazi-Verbündeten auf jegliche Weise unterstützen will, kann daran nichts ändern.

»Die Offensive hat begonnen«

Am 9. Mai verlässt Hitler Berlin in seinem Sonderzug *Amerika* mit Fahrtziel Norwegen. Plötzlich eine neue Weisung auf halber Strecke: Der Zug nimmt nun Kurs auf das neue Führerhauptquartier unweit der französischen Grenze. Hitler eröffnet seinen Generälen: »Meine Herren, die Offensive hat begonnen.« Er plant, den Angriff gegen Frankreich anders als 1914 nicht über Belgien zu führen und fährt fort: »Wir müssen aber den Anschein erwecken, dass unser Hauptangriff von dort kommt. Die Alliierten werden Verstärkung hinschicken. Dann haben wir sie in der Falle! Wir stoßen durch die Ardennen vor und schwenken anschließend Richtung Norden. Mit diesem Sichelschnitt kreisen wir sie ein.«

Narvik 1940, ein Pyrrhussieg.

Charles de Gaulle (1890–1970)

General de Gaulle – hier in der Uniform der Panzertruppe – ist eine Zentralfigur des Zweiten Weltkriegs. 1939 befehligt er das 507. Panzerregiment in Metz. Bereits in seinem Buch *Vers une armée de métier* (1934) plädierte er für die Schaffung einer Berufsarmee. Seine Gedanken über den operativen Einsatz von Panzereinheiten finden Resonanz bei deutschen Generälen wie Guderian oder Militärtheoretikern wie dem Briten Liddell Hart, nicht jedoch bei Marschall Pétain oder Gamelin, deren Strategie auf dem »Geist der Maginot-Linie« beruht. ■

10. Mai 1940:
Hitler marschiert in Belgien ein

Der Plan eines Sichelschnitts ist Vabanque-Spiel, da die Alliierten zurückmarschieren und damit den Angriff zum Scheitern bringen könnten. Doch Hitler ist zuversichtlich: »Das Wichtigste ist gutes Wetter.« Im Morgengrauen des 10. Mai 1940 springen deutsche Fallschirmjäger über Holland ab. Sie haben den Auftrag, die Flugplätze und Brücken um Rotterdam unter ihre Kontrolle zu bringen.
Zur selben Zeit rollt Hitlers Kriegsmaschinerie gegen Belgien an.

Er wartet.
Werden die Alliierten in die Falle gehen?

Die deutschen Sturzkampfbomber (Stukas) sind

Frankreichs Niederlage

9. Mai 1940

Eine Dorfschule in den Ardennen. Bis jetzt ist alles ruhig. Die Lehrerin sagt: »Heute bringe ich euch ein hübsches Lied bei, damit der Frieden zurückkehrt: *Ainsi font, font, font, les petites marionnettes – So machen, machen, machen, die kleinen Marionetten.*« Es wird die letzte Schulstunde sein.

Einige Daten

10. Mai 1940: Einnahme des belgischen Forts Eben-Emael

13.-14. Mai 1940: Überraschungsangriff bei Sedan

28. Mai 1940: Kapitulation Belgiens

27. Mai-4. Juni 1940: Evakuierung des britischen Heeres und der aus der Einkesselung entkommenen Franzosen bei Dünkirchen

10. Juni 1940: Die französische Regierung verlässt Paris und richtet sich ab dem 14. Juni in Bordeaux ein

14. Juni 1940: Deutsche Truppen marschieren in Paris ein

22. Juni 1940: Waffenstillstand

2. Juli 1940: Vichy wird neuer Regierungssitz

3. Juli 1940: Mers El Kebir: Die Royal Navy greift die französische Flotte an

10. Juli 1940: Beginn der Schlacht um England

10. Mai 1940, 5.35 Uhr

Die Offensive der Deutschen bricht los. Die Wehrmacht marschiert in Belgien ein. Hitlers Falle schnappt zu. Er spiegelt vor, die Deutschen würden wie 1914 über das neutrale Belgien angreifen. Die Speerspitze des französischen Heeres – seine besten motorisierten Divisionen – und das gesamte britische Expeditionskorps eilen Belgien zu Hilfe.

Erregung Hitlers im Stabsquartier. Seine Falle schnappt zu. »Mir kommen fast die Tränen vor Freude.« Der deutsche Hauptangriff kommt über die Flanke, die Ardennen, von denen die französische Heerführung der festen Meinung war: »Dieses Waldgebirge ist für Panzer absolut unpassierbar.« Doch nichts kann die Deutschen aufhalten.

Hitler, zufrieden mit der Entwicklung der Dinge, wagt einen kleinen Tanzschritt.

»Unendlich viel Leid… «

Belgische Flüchtlinge strömen nach Paris. Das überlastete Rote Kreuz verlädt sie am Gare du Nord in Viehwaggons Richtung Süden. Die Panik verschärft sich mit dem Einmarsch der Deutschen in Lüttich. Die Städte sind verlassen, auf dem Land wartet man noch mit der Flucht. Seit Menschengedenken harren die Bauern bis zuletzt aus, bevor sie fliehen und ihr Vieh seinem Schicksal überlassen.

Die Menschen hier haben nichts,
Nichts liegt vor ihnen
Als die Unendlichkeit der Straße …
Not und Leid – davon haben sie unendlich viel
Die Menschen hier vom Land …

(Émile Verhaeren, 1855–1916, belgischer Dichter)

Evakuierung aus Belgien, Mai 1940.

Die deutschen Luftangriffe

Die deutsche Luftoffensive bricht los. Frankreich sieht sich mit moderner Kriegsführung konfrontiert. Ziele sind strategische Knotenpunkte, Flugplätze, Raffinerien, Treibstofflager sowie Städte in Nord- und Ostfrankreich.

Auch die Niederlande werden angegriffen. Der Hafen von Rotterdam brennt – eine deutsche Einschüchterungsaktion wie die Bombardierung Warschaus. Allerdings findet die Attacke statt, *nachdem* sich Rotterdam bereits ergeben hat. Ein neues Kriegsverbrechen Hitlers.

In London löst Winston Churchill Chamberlain als Premierminister ab. In seiner Antrittsrede verkündet er seinen Durchhaltewillen.

Winston Churchill.

Der Hafen von Rotterdam brennt.

Die Einkesselung der Alliierten

Frankreich gerät plötzlich in eine missliche Lage: Die deutschen Truppen haben in nur drei Tagen die Ardennen überquert und rücken gegen die französische Verteidigungslinie an der Maas vor, um von dort die in Belgien konzentrierten Truppen der Alliierten in die Zange zu nehmen. Beim Einzug in die Kleinstadt Floing passieren sie ein Denkmal für die Gefallenen des Ersten Weltkriegs. Ein symbolischer Moment …

Die Franzosen sehen die deutschen Infanteristen verdutzt an wie Wesen aus einer anderen Welt. Die Deutschen erobern Sedan, das Tor zu den Ardennen und bereits 1870 Ort einer entscheidenden Niederlage der Franzosen. Am 14. Mai setzen General Heinz Guderians Panzer über die Maas. Der 51-jährige Preuße, ein großer Theoretiker des Panzerkampfs, weiß diese Waffe mutig, schnell und schlagkräftig einzusetzen.

Der Blitzkrieg soll dem Gegner keine Zeit lassen, sich neu zu reorganisieren. Die Luftwaffe sichert den Vormarsch der Panzer und der Infanterie ab, vor allem die Stukas, die mit sirenenartigem Geheul im Sturzflug ihre Ziele bombardieren. Französische Panzer werden zerstört, ihre Besatzungen haben mutig gekämpft. Sie tragen keine Schuld, doch sie fragen sich, warum ihre eigenen Flieger sie nicht geschützt haben. Obwohl französische Jagdflieger mehrere Hundert deutsche Flugzeuge abschießen und 1.000 deutsche Kampfpiloten in Gefangenschaft geraten, rücken die Deutschen weiter vor.

Die britische Regierung drängt ihre französischen Verbündeten zur Auslieferung dieser Piloten, um sie in Kanada an einem sicheren Ort zu internieren, doch

General Heinz Guderian.

Stukas zerbomben französische Panzer.

ohne Erfolg. Eine verhängnisvolle Entscheidung: Nach dem Waffenstillstand werden sie freigelassen, kehren zur Luftwaffe zurück und werden in neue Einsätze geschickt – gegen England.

Stoppt nichts das Vorrücken der Deutschen? In Paris bemühen sich die Behörden, den immer stärker anschwellenden Strom der Flüchtlinge aus Belgien und ganz Nordfrankreich zu kanalisieren. Schulen,

Französische Soldaten haben tapfer gekämpft.

Hunderte deutsche Flieger abgeschossen, Tausende Soldaten gefangen genommen.

Kasernen und Krankenhäuser platzen bald aus allen Nähten. Unter den Flüchtlingen ein belgisches Mädchen. Sie ähnelt Brigitte Fossey in René Cléments Film *Verbotene Spiele*, der diese Zeit schildert.

In hohem Tempo rollen deutsche Panzer durch die Städte und Dörfer Nordfrankreichs, immer

Deutscher Panzer auf dem Vormarsch.

weiter voran. Mutig versuchen Franzosen, den Vormarsch zu bremsen. Die Deutschen machen Widerstandsnester nieder. Hauptmann Beaufre, ein Offizier im französischen Kommandostab, erzählt: »Es kamen lauter schlechte Nachrichten herein. Eine unvorstellbare Atmosphäre – nach einer Woche

katastrophaler Meldungen waren alle restlos demoralisiert. Damals habe ich zum ersten Mal einen Mann weinen sehen.«

Die Deutschen stehen am Ärmelkanal. Der Sichelschnitt war erfolgreich. Das britische Expeditionskorps und das französische Heer sind eingekesselt. Das belgische Heer kapituliert.

GROSS
BRITANNIEN

Dünkirchen

BELGIEN

FRANKREICH

Arden

Sedan

Paris

Die Evakuierung von Dünkirchen

Am 25. Mai 1940 sind 400.000 Engländer und Franzosen rettungslos umzingelt. Ihre letzte Hoffnung ist es, über das Meer zu entkommen. Der Evakuierungsbefehl Churchills ergeht an jedes verfügbare Wasserfahrzeug. Zerstörer, Minenräumboote, Fischkutter, Schlepper, Frachtkähne, Yachten, sogar ein Feuerlöschboot von der Themse eilen den Belagerten, unter ihnen Montgomery und viele andere britische Generäle, über den Ärmelkanal zu Hilfe.

Die Franzosen halten die Deutschen unter schweren Verlusten vor Dünkirchen auf. Die Schiffe bergen 215.000 Engländer und 120.000 Franzosen. Das britische Korps ist gerettet, aber um welchen Preis!

Für die Franzosen geht es gleich in die Bretagne zu einem letzten Verteidigungsversuch, für die Engländer zurück – neues Material fassen.

Nüchtern relativiert Churchill das in ganz England bejubelte »Wunder von Dünkirchen«: »Man gewinnt keine Kriege mit Evakuierungen.« Dennoch wurde hier der »Geist von Dünkirchen« geboren.

In England gibt man sich keinen Illusionen mehr hin: Dieser Krieg ist unbarmherzig und Hitler ein Feind mit tödlicher Schlagkraft. Nun wird nicht mehr sorglos gescherzt, sondern verzweifelt mobilisiert.

Am 4. Juni hält Churchill, der auch gegen Defätisten im eigenen Lager kämpft, seine unvergessliche Rede vor dem Unterhaus:

»Wir werden an den Stränden kämpfen, an den Landeplätzen, auf den Feldern, auf den Straßen, auf den Bergen; wir werden uns nicht ergeben.«

Empfang in England.

Die Beute von Dünkirchen

Am 4. Juni 1940 nehmen deutsche Truppen Dünkirchen ein. Die Engländer mussten einen Großteil ihres Materials zurücklassen: Üppige Beute, die zu Propagandazwecken ausführlich gefilmt wird. Eine britische Spitfire am Strand, der mit Wracks übersät ist.

Glückliche Wehrmachtsoldaten fotografieren sich gegenseitig und Hitler verkündet: »Dünkirchen ist die größte Schlacht aller Zeiten, der 4. Juni ist ab heute ein nationaler Feiertag.«

80.000 bei der Verteidigung von Dünkirchen gefallene Franzosen hätten es sicher auch vorgezogen, evakuiert zu werden. Die Bitterkeit darüber wird sich in Frankreich lange Zeit halten. Churchill bezeugt ihrem Mut die Ehre: »In diesen kritischen vier Tagen haben die Franzosen sieben deutsche Divisionen aufgehalten und damit einen glänzenden Beitrag zur Rettung ihrer Kameraden geleistet. Ohne sie hätte England den Krieg nicht fortsetzen können.«

Auch die Deutschen haben trotz ihres Erfolges bedeutende Verluste erlitten. Die meisten Soldaten taumeln vor Müdigkeit, sie haben seit vier Wochen pausenlos gekämpft und kaum geschlafen. Doch der nächste Angriff steht an.

Frankreich bricht zusammen. Der zum General beförderte Charles de Gaulle wird in die Regierung berufen. Er will weiterkämpfen.

Am 10. Juni 1940 verkündet der italienische Diktator Mussolini, der *Duce*, seinem Volk in Rom eine große Neuigkeit: Er hat Frankreich den Krieg erklärt.

Ein Dolchstoß in den Rücken der Franzosen. Mussolini hat es auf Korsika, Nizza, Savoyen, Tunesien und Malta abgesehen.

Paris, eine offene Stadt

Paris wird zur offenen Stadt erklärt, dem Gegner also kampflos überlassen, damit es nicht das Schicksal von Warschau oder Rotterdam erleidet. Die französische Regierung flieht nach Bordeaux.

Die Deutschen stehen vor Paris. Die Gerüchteküche brodelt: »Sie morden und vergewaltigen wie die Preußen im Jahr 1870.« Die im Stich gelassenen Einwohner fliehen. Ganz Frankreich ist auf der Flucht – ein ungeheures Debakel. Sechs Millionen Franzosen strömen zur Loire, dem letzten Schutzwall. Doch es gibt keinen Schutz gegen die Sturzkampfbomber.

Am Morgen des 14. Juni 1940 ziehen die Deutschen in Paris ein. Die Hakenkreuzflagge, Symbol des Nazismus, wird über der französischen Hauptstadt gehisst.

Die erste Amtshandlung der Besatzer: Sie stürzen sich auf die Archive der aufgegebenen Ministerien: Listen von französischen Spionen in Deutschland, von Juden, von Freimaurern, ja sogar das Original des Friedensvertrags von Versailles, der Deutschland 1919 so gedemütigt hat, werden erbeutet und unverzüglich an Hitler weitergeleitet.

Der unerbittliche Vormarsch nach Süden geht weiter. Das französische Heer, das vor dem 10. Mai noch als das stärkste der Welt galt, ist aufgerieben. Dennoch

hat es mutiger gekämpft, als vor allem die Zeitgenossen meinten. 100.000 französische Soldaten sind gefallen, mehr als im selben Zeitraum des Ersten Weltkriegs. 1.850.000 Soldaten, darunter 36.000 Offiziere und 177 Generäle, sind in Gefangenschaft geraten.

Unter den Kriegsgefangenen befinden sich auch viele Afrikaner der französischen Kolonialtruppen. Deutsche Wochenschauen zeigen ihre Gesichter ausführlich in Großaufnahme. Die NS-Propaganda zielt darauf, die angebliche »Degeneriertheit der Franzosen« zu zeigen, die gezwungen seien, ihren Krieg mit »Sklaven« aus den Kolonien zu führen. 3.000 afrikanische Soldaten und Offiziere werden nach ihrer Gefangennahme exekutiert. Nach sieben Jahren nazistischer Indoktrinierung ist Rassismus unter den Wehrmachtssoldaten verbreitet.

Afrikanischer Soldat.

Drei Tage entscheiden Frankreichs Schicksal

16. Juni 1940

Am 16. Juni 1940 tritt der französische Regierungschef Paul Reynaud in Bordeaux zurück, da er sich vom Ministerrat nicht ausreichend unterstützt sieht. Präsident Albert Lebrun bestimmt als Nachfolger Philippe Pétain.

Marschall Pétain, der Sieger von Verdun, kündigt an, er werde um Waffenstillstand bitten. Tränen in Frankreich. Manche Franzosen hören den englischen Sender BBC: General de Gaulle ist in London eingetroffen.

18. Juni 1940

Am 18. Juni 1940 protestiert de Gaulle gegen den Waffenstillstand:

Die Befehlshaber, die seit vielen Jahren an der Spitze der französischen Streitkräfte stehen, haben eine Regierung gebildet. Diese Regierung hat mit der Begründung, unsere Armeen seien unterlegen, mit dem Feind wegen eines Waffenstillstands Verbindung aufgenommen.

Zugegeben, die Stärke der mechanisierten Verbände des Feindes im Boden- und Luftkampf hat uns überwältigt und tut dies weiterhin. Dabei zwang uns weniger die zahlenmäßige Stärke der Deutschen zum Rückzug, als vielmehr ihre Panzer, ihre Flugzeuge und ihre Taktik. Panzer, Flugzeuge und Taktik der Deutschen bildeten ein Überraschungsmoment, das unsere Militärführung in die Lage trieb, in der sie sich heute befindet. Aber heißt das denn, dass das letzte Wort schon gesprochen ist? Dass alle Hoffnung verloren ist? Dass die Niederlage endgültig ist? Nein! Glauben Sie mir – und ich spreche in Kenntnis der Tatsachen –, wenn ich Ihnen sage, dass Frankreich noch nicht verloren ist. Dieselben Mittel, mit denen wir besiegt wurden, bringen uns eines Tages vielleicht den Sieg. Denn Frankreich ist nicht allein! Nein, es ist nicht allein! Es ist nicht allein! Hinter ihm steht ein großes Reich.

Es kann mit dem britischen Empire, das die Meere kontrolliert und den Kampf fortführt, eine gemeinsame Front bilden. Es kann, wie England, unbegrenzt auf die immensen Industrieressourcen der USA zugreifen. Dieser Krieg ist nicht auf unser unglückliches Land beschränkt. Dieser Krieg ist durch die Schlacht in Frankreich nicht entschieden. Dieser Krieg ist ein Weltkrieg.

Alle Fehler, alle Versäumnisse, alle Leiden verhindern nicht, dass es auf der Welt alle Mittel gibt, die notwendig sind, um eines Tages unsere Feinde zu vernichten. Heute noch niedergestreckt durch die Übermacht der mechanisierten Verbände, können wir in Zukunft mit einer Militärgewalt siegen, die dieser überlegen ist.

Es geht um das Schicksal der Welt. Ich, General de Gaulle, rufe von London aus die französischen Offiziere und Soldaten auf, die sich jetzt oder später in Großbritannien befinden – mit oder ohne Waffen –,

Die Hakenkreuzfahne weht über dem Eiffelturm.

ich rufe die Ingenieure und Facharbeiter der Rüstungsindustrie auf ... Setzen Sie sich mit mir in Verbindung! Was auch geschehen mag, die Flamme des französischen Widerstands darf nicht erlöschen und wird nicht erlöschen.

Diese berühmte Ansprache wurde am 18. Juni 2005 in das UNESCO-Weltregister *Memory of the World* aufgenommen.

General de Gaulle.

Die Kriegsbeute des Frankreichfeldzugs

22. Juni 1940

Am 22. Juni 1940 stattet Hitler Paris eine Stippvisite ab. Soeben hat er ein Glückwunschtelegramm von Stalin erhalten. Dann fährt er in den Wald von Compiègne. Seine Revanche ist perfekt: Der Waffenstillstand wird im selben Eisenbahnwaggon unterzeichnet, wie der vom 11. November 1918. Eine besonders bittere Klausel fordert die Auslieferung deutscher Oppositioneller, die nach Frankreich geflüchtet sind. Anschließend lässt Hitler den Waggon nach Berlin bringen. In den letzten Kriegstagen wird er ihn von der SS sprengen lassen.

Innerhalb von nur sechs Wochen waren sämtliche symbolischen Orte des französischen Siegs im Ersten Weltkrieg wie Verdun in den Händen der Deutschen! 500.000 Gefallene im Ersten Weltkrieg – und nun 20 Jahre später ein solches Desaster für die Franzosen! Hitler zieht in Straßburg ein und betritt die Kathedrale der Stadt.

Das Elsass und Lothringen sind wieder deutsch – wie er es in *Mein Kampf* versprochen hatte.

Die Deutschen erbeuten 2.000 Panzer, 5.000 Geschütze, 300.000 Gewehre und 4 Millionen Schuss Munition.

Die Wehrmacht entdeckt in einem Magazin der Militärverwaltungsbehörde in Paris das Wäschelager der französischen Armee: Warme, wollene Unterhosen für zukünftige Feldzüge.

Der eigentliche Kriegsgewinn sind jedoch die Fabriken, Häfen und der sonstige Besitz des Landes. Frankreich bezahlt für seine Kriegserklärung umgerechnet 100 Millionen Euro pro Tag.

Der Eisenbahnwaggon von Compiègne.

Die Regierung von Vichy

Hitler will Besatzungstruppen einsparen. Daher überlässt er einen Teil der Souveränität einer von ihm abhängigen französischen Regierung, mit einer zusammengestutzten Armee ohne schwere Waffen – lediglich zur Aufrechterhaltung der Ordnung. Frankreich wird geteilt. Der Norden und das atlantische Küstengebiet, das wegen der Häfen von strategischer Bedeutung ist, sind besetzt. Das Mittelmeer wird von Italien kontrolliert, das einen Streifen längs der Alpen hält. Die sogenannte »freie« Zone Frankreichs mit Vichy als neuer Hauptstadt bildet den Rest.

Der französische Flottenstützpunkt Mers El Kebir wird von den Briten angegriffen.

Anfang Juli 1940 nimmt das Kabinett unter Marschall Pétain in dem Thermalkurort die Regierungsgeschäfte auf. Die Atmosphäre ist gespannt. Noch besitzt das Vichy-Regime ein riesiges Kolonialreich und vor allem eine starke Flotte. Hitler fürchtet, sie könne sich England anschließen, und fordert, sie solle in die Heimathäfen zurückkehren und sich entwaffnen lassen. Churchill hingegen bangt, sie könne den Deutschen in die Hände fallen, und gibt der *Royal Navy* Befehl, die französische Flotte zu zerstören.

Zwei Schlachtschiffe, zwei Kreuzer und ein Zerstörer werden versenkt, 1.200 französische Seeleute kommen um. Mit diesem Schlag gegen die Verbündeten von gestern will Churchill der britischen Öffentlichkeit und der ganzen Welt, vor allem den USA, seine Entschlossenheit beweisen und verhindern, dass die Deutschen die französische Flotte im Kampf gegen England nutzen. Pétain stellt sich gegen die Minister der Vichy-Regierung, die England daraufhin den Krieg erklären wollen: »Eine Niederlage genügt.«

Deutschland feiert Hitler im Triumph. Seine Blitzsiege in Europa gewinnen ihm das Vertrauen der Militärs. Er hält sich fortan für den größten Feldherrn aller Zeiten, Napoleon ebenbürtig. Niemand wagt ihm mehr zu widersprechen.

Mers El Kebir

Am 3. Juli 1940 erscheint ein britisches Geschwader vor dem französischen Marinestützpunkt Mers El Kebir nahe Oran in Algerien. Churchill will kein Risiko eingehen. Ein Ultimatum ergeht: Die französische Flotte solle sich England anschließen, sich selbst versenken oder in die Karibik auslaufen. Vichy wird anscheinend nur über die ersten beiden Punkte informiert und lehnt ab. Die Briten eröffnen das Feuer:

Marschall Pétain.

Paris •
BESETZTE ZONE
• Strassburg

»Wir müssen all unsere Kräfte sammeln…«

Die Engländer rechnen mit einer Invasion. Ihre erste Maßnahme ist, Kinder aufs Land in Sicherheit zu bringen – für alle ein schmerzvoller Abschied. Junge Mädchen, Mütter und Großmütter verpflichten sich, jede soll ihr Haus schützen, wenn deutsche Fallschirmjäger kommen. Sogar Veteranen aus dem Ersten Weltkrieg treten der *Home Guard* bei, einer Bürgerwehr. Parallel zu dieser Mobilisierung von Freiwilligen läuft die Neuformation der Streitkräfte nach der Rettung von Dünkirchen.

Die USA liefern Gewehre, MGs und Flakgeschütze. Churchills Ansprache aus jener Zeit prägt sich tief in die Herzen der Engländer ein:
»Bald beginnt die Schlacht um England. Wir müssen all unsere Kräfte sammeln. Wenn das britische Empire in 1000 Jahren noch besteht, wird man im Rückblick sagen: Diese Menschen erlebten damals ihren ruhmreichsten Moment.«

Tapfere englische Frauen.

Göring und die Luftwaffe

Die *Spitfire*, ein Jagdflugzeug der Spitzenklasse.

In der Hitlerjugend werden deutsche Piloten im Geist des Revanchismus erzogen. Sie halten sich für die Elite, und ihr Chef, Hermann Göring, gilt als der beliebteste Naziführer. Er ist dem Luxus zugetan und macht das Hotel *Ritz* in Paris zum Quartier der Luftwaffe. Göring hat Hitler versprochen, er werde die *Royal Air Force* innerhalb von fünf Tagen vernichten, Luftüberlegenheit herstellen und die Landung der Wehrmacht in England ermöglichen.

Dass die Luftwaffe nun alle französischen Flugfelder samt aller technischer Einrichtungen in der Hand hat, ist für sie von großem strategischen Vorteil. Vor allem aber besitzt die Luftwaffe ein ausgezeichnetes Jagdflugzeug, die *Messerschmitt Bf 109 E*.

In der Luftschlacht um England schießen die Deutschen 400 Flugzeuge ab, verlieren aber 1.000 eigene Maschinen. Die englischen Piloten haben standgehalten. Sie haben sich geopfert, und Churchill wird es ihnen nicht vergessen: »Niemals in der Geschichte bewaffneter Konflikte schuldeten so Viele so Wenigen so viel Dank.«

Hitler kann seine Invasionspläne vorerst nicht verwirklichen – sein erster Fehlschlag. Er ändert die Taktik: »Die Engländer werden sich ergeben, wenn wir ihre Städte zerstören.«

Luftschlacht um England

Eine von Churchills wichtigsten Waffen ist die *Royal Air Force (RAF)*. Die überlegene *Spitfire* gilt mit ihrem Rolls-Royce-Motor als das beste und schnellste Jagdflugzeug der Welt.

Auch auf technischem Gebiet sind die Briten im Vorsprung. Das Radar, die Erfindung eines Briten, dient der Ortung von Flugzeugen und der Steuerung der Abfangjäger über Radarkontrollzentren, *Ops Rooms* genannt.

Piloten des britischen Empire erhalten Verstärkung durch Kampfflieger aus Ländern, deren Exilregierungen sich in London befinden: Polen, Holländer, Belgier, Tschechen und die »freien Franzosen« um de Gaulle. Auch zahlreiche Amerikaner sind dabei. Ihr Land ist zwar neutral, sie selbst sind es nicht.

Ein Teil der englischen Piloten waren Studenten aus Oxford oder Cambridge. So auch Richard Hillary, der abgeschossen wird. Zuvor notierte er: »Die Presse nannte uns die *lost generation*. Wir ließen unser Haar lang wachsen und waren verwöhnt, blasiert und selbstgefällig. Heldentum interessierte uns nicht. Aber wir sahen im Krieg eine Gelegenheit, uns selbst und der Welt zu beweisen, dass wir Hitlers fanatischer Jugend trotz unserer angeblichen Disziplinlosigkeit die Stirn bieten konnten.«

Ops Room, ein britisches Radarkontrollzentrum.

Die *Messerschmitt Bf 109*.

Heinkel 111.

»The Blitz«

Deutsche Flieger bombardieren nun täglich Städte wie Coventry und London – die Engländer nennen dieses Dauerbombardement *The Blitz*.

Hitler begeht mit dieser Änderung des Angriffsziels einen entscheidenden Fehler, denn die *Royal Air Force,* die bereits kurz vor dem Zusammenbruch stand, gewinnt Aufschub.

Die Zivilbevölkerung Englands verhält sich bewundernswert. Menschen heben Schutzräume aus, übernachten im Keller ihrer Häuser oder in den U-Bahnschächten, um am nächsten Tag wieder zur Arbeit zu gehen. Nie erlahmen ihr Humor und ihre Zuversicht. Hitler wütet: »Churchill ist ein verjudeter halbamerikanischer Trunkenbold.« Wie bei jedem Misserfolg wendet er seinen Hass gegen die Juden.

Das Warschauer Ghetto

Am 12. Oktober 1940, zu Jom Kippur, werden drei Meter hohe Mauern um das Warschauer Ghetto gezogen. 500.000 Juden – Männer, Frauen, Kinder, Greise – werden eingesperrt und erleiden eine grauenvolle Gefangenschaft in Hunger, Kälte und Elend.

In Bayern …

Auf seinem Berghof in den Berchtesgadener Alpen feiert Hitler 1940 mit Kindern von Naziführern Weihnachten, gefilmt von seiner Geliebten Eva Braun. Er feilt an seinem nächsten Coup. Seine Mission ist die Eroberung von »Lebensraum« im Osten. Mit Stalin hat er sich nur verbündet, um diesen später besser angreifen zu können. Der Misserfolg in England zwingt ihn, diese Entwicklung voranzutreiben, bevor Churchill Amerika auf seine Seite ziehen kann.

Ein deutsches U-Boot, ein »Atlantikwolf«

Angriff auf die Sowjetunion

Einige Daten

23. August 1939: Unterzeichnung des Hitler-Stalin-Pakts

3. Oktober 1940: Verabschiedung eines Judenstatus durch Pétain

22. Juni 1941: Deutsche Invasion in der Sowjetunion (»Unternehmen Barbarossa«)

3. Juli 1941: Stalin proklamiert die »Politik der verbrannten Erde«

6. Juli–5. August 1941: Kesselschlacht bei Smolensk

8. September 1941: Beginn der Belagerung Leningrads

30. September 1941: Hitler befiehlt die Offensive auf Moskau (»Operation Taifun«)

2. Dezember 1941: Die Wehrmacht erreicht die Vororte von Moskau

5. Dezember 1941: Hitler stoppt die Offensive vor Moskau für den Winter

6. Dezember 1941: Sowjetische Gegenoffensive vor Moskau

Die Deutschen in Paris

Nach dem Sieg über Frankreich verbringen viele deutsche Soldaten ihren Fronturlaub in Paris. Leutnant August von Kageneck ist 19 Jahre alt, er posiert mit Kameraden, die auf Urlaub sind, für die Kamera. Seine Einheit war nicht im Frankreich-Feldzug eingesetzt, jetzt entdeckt er die Hauptstadt.

Er schreibt: »Wir bekommen sehr strenge Weisungen. Tadelloses Auftreten, kein Kontakt mit der Bevölkerung. Wir sind die Erfinder des Massentourismus!«

Die meisten Franzosen vermeiden Kontakte. Manche sind bereits im Widerstand. Die ersten, die deshalb erschossen werden, sind zwei Männer, die eine Telefonleitung kappten.

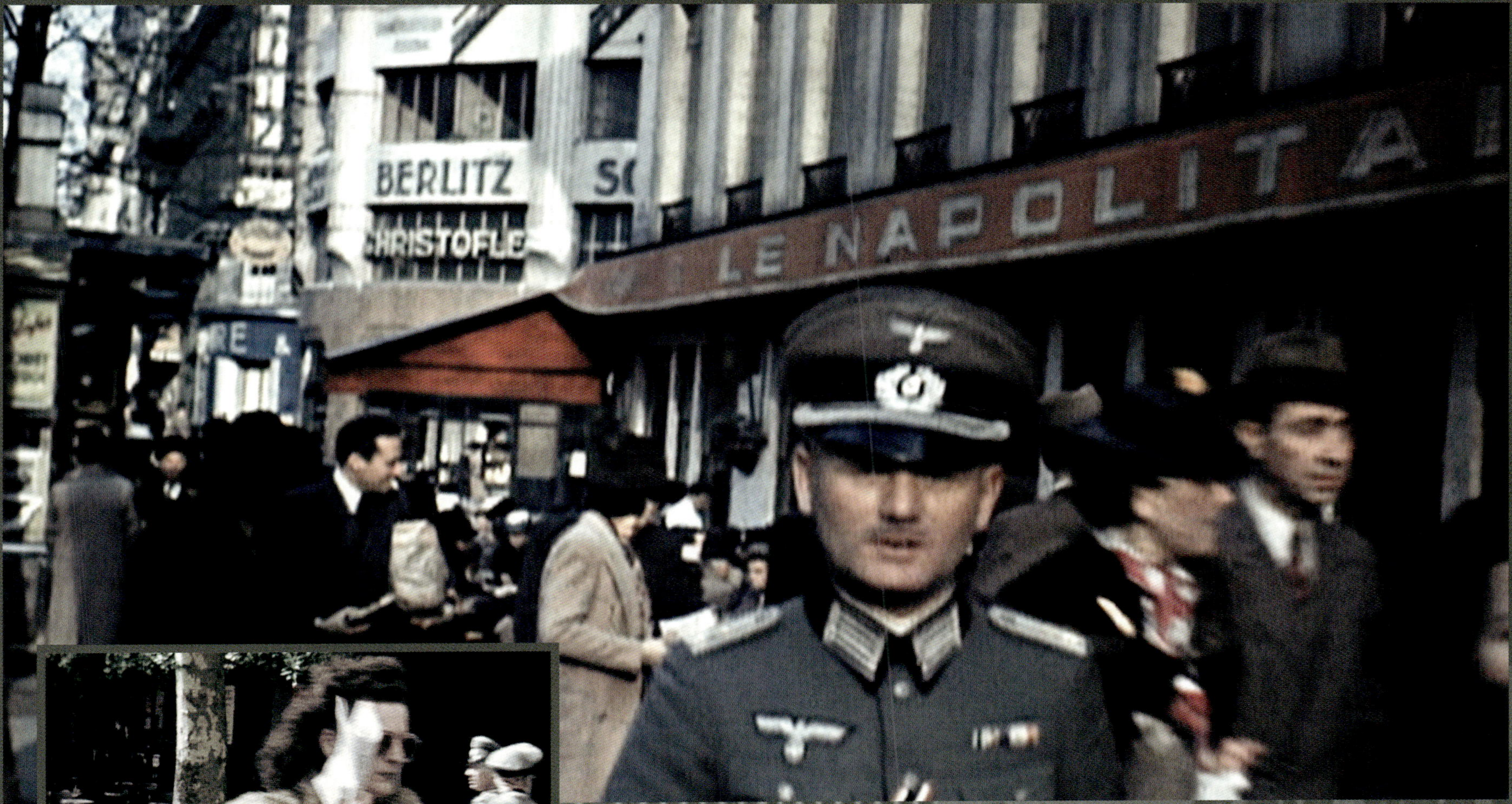
BERLITZ
CHRISTOFLE
LE NAPOLITA

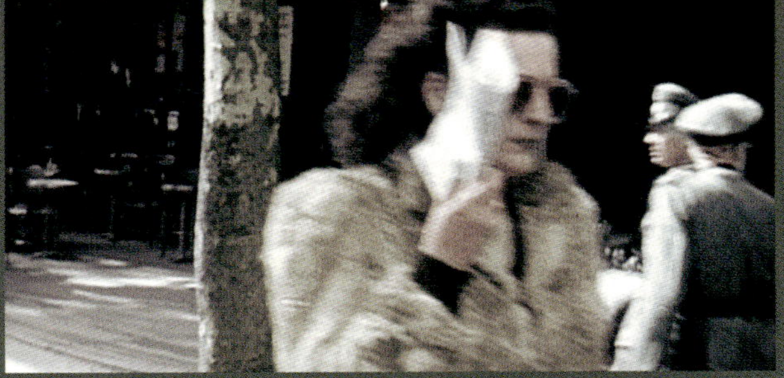

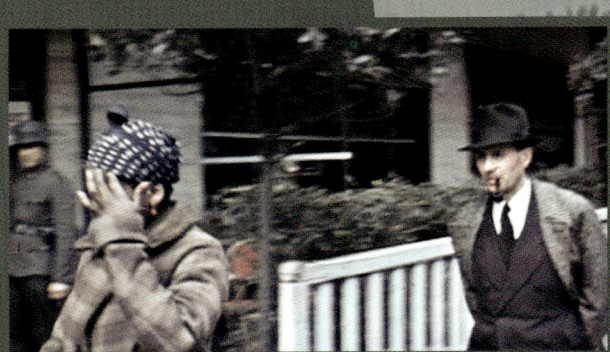

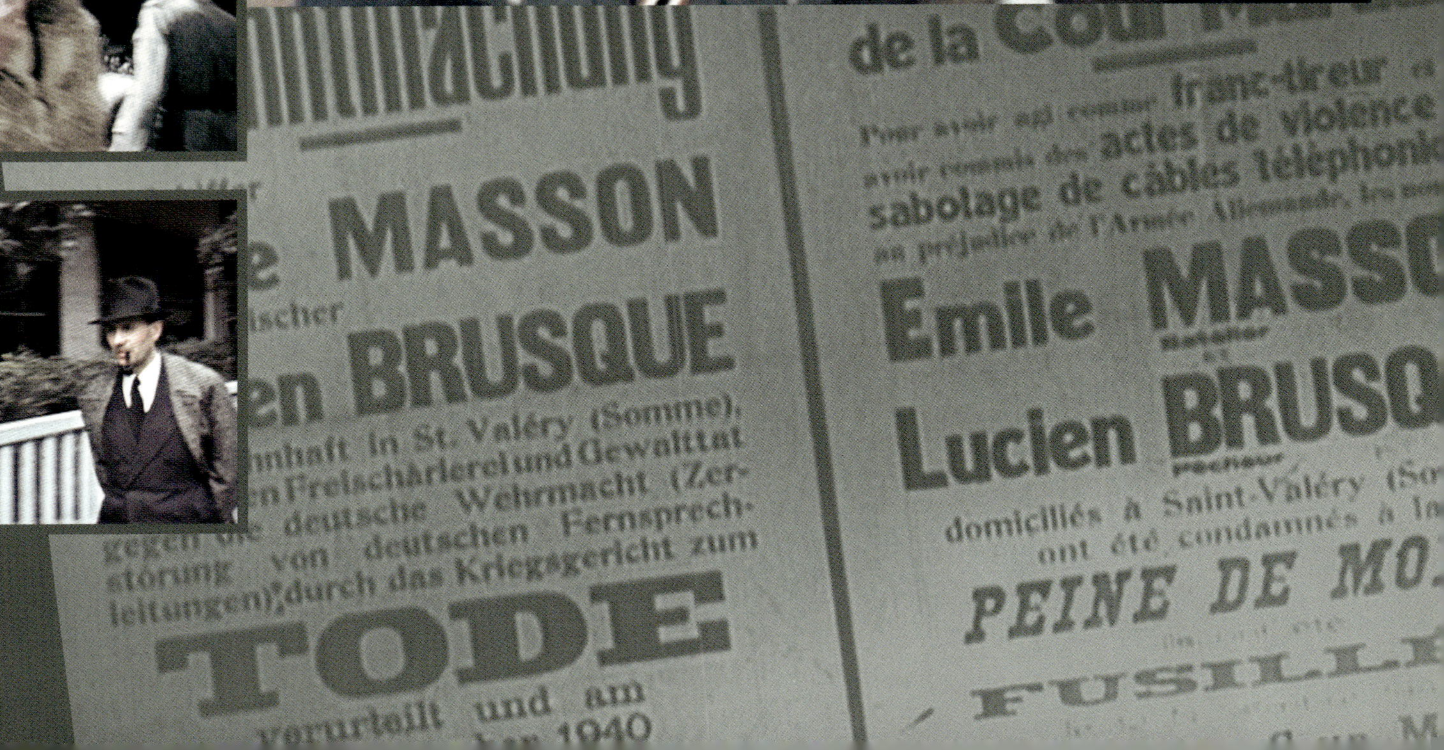
MASSON
BRUSQUE
nhaft in St. Valéry (Somme),
n Freischärlerei und Gewalttat
n deutsche Wehrmacht (Zer-
gegen die
störung von deutschen Fernsprech-
leitungen) durch das Kriegsgericht zum
TODE
verurteilt und am
de la Cour Mar
franc-tireur
actes de violence
sabotage de câbles télephoni
Emile MASSO
Lucien BRUSQ
domiciliés à Saint-Valéry
ont été condamnés à la
PEINE DE MO
FUSILL

Der Beginn der Kollaboration

Der neue, autoritär geführte »französische Staat« unter Marschall Pétain ist zur Zusammenarbeit mit Deutschland bereit. Pétain verabschiedet ein Judenstatut, das jüdische Mitbürger vom öffentlichen Leben ausschließt. Zudem hat er Hitler die Hand gedrückt. In Paris gibt es täglich um 13 Uhr eine Wehrmachtsparade.

Prag, Warschau, Brüssel, Luxemburg, Den Haag, Kopenhagen, Oslo – all diese Hauptstädte sind von den Deutschen besetzt. London nicht.

Rose Gowlland in ihrem Unterschlupf.

England hält stand

Februar 1941, ein Vorort von London. Rose ist drei Jahre alt, zwei davon waren Kriegsjahre. Sie ist tapfer, wie die gesamte britische Bevölkerung.

Deutsche Bomben haben englische Städte schwer getroffen, doch England schart sich um Churchill und hält durch, auch dank Roosevelts Unterstützungslieferungen.

Roosevelt wurde soeben ein drittes Mal zum Präsidenten der USA gewählt. Obwohl die öffentliche Meinung in Amerika dem Krieg ablehnend gegenübersteht, verkündet er: »Wir müssen das Bollwerk der Demokratie sein.« Doch nur ein Teil des für England bestimmten Materials kommt an. Deutsche U-Boote machen den Atlantik unsicher und eröffnen die Jagd auf englische Frachter.

Churchill und Roosevelt.

Churchill ist beunruhigt. Auf England ruht die Hoffnung der besetzten Völker. Aber wenn der Seeweg nach England blockiert wäre, würde der Krieg ein schlimmes Ende nehmen. Englands Insellage ist Vor- und Nachteil zugleich. Die deutschen U-Boote mit ihrer »Rudeltaktik« können jetzt von französischen Häfen aus operieren. Mit ihren Torpedos und Kanonen versenken die »Atlantikwölfe« allein im Jahr 1941 britische Schiffe mit einer Gesamttonnage von vier Millionen Bruttoregistertonnen!

»Greifen wir Russland schnellstmöglich an«

Hitler kann mit dem Erfolg seiner U-Boote zufrieden sein, doch die massive Aufrüstung der USA bereitet ihm Sorgen: »In einem Jahr werden die USA für den Kriegseintritt bereit sein. Deutschland braucht mehr Rohstoffe, um es mit ihnen aufzunehmen, und die gibt es im Osten. Dieser Lebensraum muss erobert werden. Wenn das gelingt, bleibt England keine Hoffnung, und es wird Frieden schließen. Für die Amerikaner ist es dann zu spät. Greifen wir Russland schnellstmöglich an!«

Der Invasionsplan läuft unter dem Codewort »Fall Barbarossa«. Die Wehrmacht wird im Osten zusammengezogen. Doch Hitler verschiebt den Angriff. Sein Verbündeter Mussolini braucht Verstärkung. Er wollte unabhängig von den Deutschen in Afrika seinen eigenen Krieg führen und muss nun Niederlagen gegen die Engländer einstecken.

ITALIEN

GRIECHENLAND

KRETA

Mittelmeer

LIBYEN

ÄGYPTEN

Hitler und ein verstört wirkender Mussolini.

Erwin Rommel.

Rommel

Um Mussolini vor einem Debakel zu bewahren, schickt Hitler Rommel, einen seiner besten Generäle, mit einer Panzerdivision, dem Afrikakorps, nach Libyen.
Die Truppe unter Rommels Befehl geht hochmotiviert in das koloniale Abenteuer. Noch wissen die Soldaten nicht, was sie erwartet ... Rommel ist in Deutschland ein Held, nachdem er im Mai und Juni 1940 Cambrai, Arras, Rouen und Cherbourg eingenommen hat. Er ist ein eifriger und tüchtiger Diener Hitlers. Noch am Abend der Ankunft des Afrikakorps lässt Rommel seine Panzer britische Stellungen angreifen. Nun ahnen auch die australischen und südafrikanischen Soldaten, die an der Seite der Engländer kämpfen, dass der Wüstenkrieg voller Schrecken sein wird.
Der Mythos Rommel entsteht. Die Engländer verbreiten sein Foto mit der Warnung: »Dieser Mann ist gefährlich.«

»Dieser Mann ist gefährlich.«

Gefechte in Libyen, 1941.

Kriegsgefangene Briten.

Hitler interveniert in Griechenland, wo sich Mussolini ebenfalls zu weit vorgewagt hat. Er lässt Fallschirmjäger über Kreta abspringen, nachdem er einen Blitzkrieg auf dem Balkan geführt und Jugoslawien besetzt hat.

Hitler hat nun den Rücken frei für die Invasion Russlands, das »Unternehmen Barbarossa«, doch wertvolle Zeit ist verloren gegangen.

Moskau, 1. Mai 1941

Den Tag der Arbeit feiert Moskau traditionell mit einer großen Militärparade: Stalin will die Deutschen beeindrucken. Zahlreiche Meldungen seiner Spione deuten auf einen bevorstehenden deutschen Angriff hin. Doch er will nicht glauben, dass es Hitler so schnell wagt, das deutsch-sowjetische Abkommen zu brechen. Übrigens sind auch Deutsche bei der Parade anwesend. Deutsche Militärs werden später die sowjetische Machtdemonstration nutzen und behaupten, dass Stalin als erster Angriffspläne hatte. Hitler setzt derweil noch auf einen Friedensschluss mit den Engländern, um nicht an zwei Fronten Krieg führen zu müssen.

Sowjetische Panzer auf dem Roten Platz: Eine beeindruckende Machtdemonstration!

Hitler und Keitel im Führerzug.

Stalin auf dem Roten Platz.

Die deutsche Militärdelegation bei der Parade zum 1. Mai 1941 in Moskau – nur zwei Monate vor Hitlers Angriff!

Rudolf Heß am Steuer seines Flugzeugs.

Rudolf Heß,
»auf Friedensmission«

Englische Radiosender melden überraschend, in Schottland seien bei Glasgow die Überreste einer deutschen *Messerschmitt Bf 110* gefunden worden. Der Pilot sei mit dem Fallschirm abgesprungen. Es handelt sich um den hochrangigen Nazi und Stellvertreter des Führers, Rudolf Heß. Er behauptet: »Ich bin auf einer Friedensmission.«

Heß ist einer von Hitlers Getreuen der ersten Stunde, ein Fanatiker. Sein Schicksal gestaltete sich seiner Meinung nach bisher weniger glanzvoll als das anderer Naziführer. Er will seinem Führer beweisen,

dass er fähig ist, im Konflikt mit England einen Ausweg zu finden. Doch er wird sofort gefangen genommen. Churchill will nicht verhandeln, und Hitler leugnet einen Auftrag. Im Verhör gibt Heß den Briten ungewollt preis, dass Hitler eine Invasion der Sowjetunion vorbereitet.

Churchill leitet diese Information sofort an Stalin weiter, doch der schenkt ihr ebenso wenig Beachtung wie den jüngsten, gleichlautenden Warnungen des in Tokio stationierten sowjetischen Spions, Richard Sorge, vom 30. Mai 1941. Stalin versorgt das Deutsche

Reich weiterhin mit Rohstoffen. Seit dem Abschluss des Nichtangriffspakts hat er bereits Tausende Tonnen Erdöl, Chrom und Nickel geliefert und so zu Hitlers Eroberungen beigetragen. Die letzte Fracht wird in der Nacht vom 21. auf den 22. Juni 1941 auf den Weg gebracht.

22. Juni 1941, bei Tagesanbruch.

Das Unternehmen Barbarossa

Der letzte Zug, beladen mit 1000 Tonnen Weizen, passiert die Grenze um Mitternacht. Ab 3 Uhr morgens pirschen sich die ersten Pioniereinheiten der Wehrmacht ohne Kriegserklärung auf sowjetisches Gebiet. Ihnen folgen 150 Divisionen deutscher, finnischer, rumänischer, slowakischer und ungarischer Soldaten. Sogar eine Freiwilligendivision aus Francos Spanien, die División Azul, ist dabei. Insgesamt sind es vier Millionen Kämpfer, 600.000 LKWs, 4.000 Panzer, 7.000 Geschütze und 3.000 Flugzeuge. In den ersten Minuten des deutschen Angriffs werden 1.500 sowjetische Flugzeuge am Boden zerstört, einige Stunden darauf melden die Deutschen 400 im Luftkampf abgeschossene sowjetische Flugzeuge.

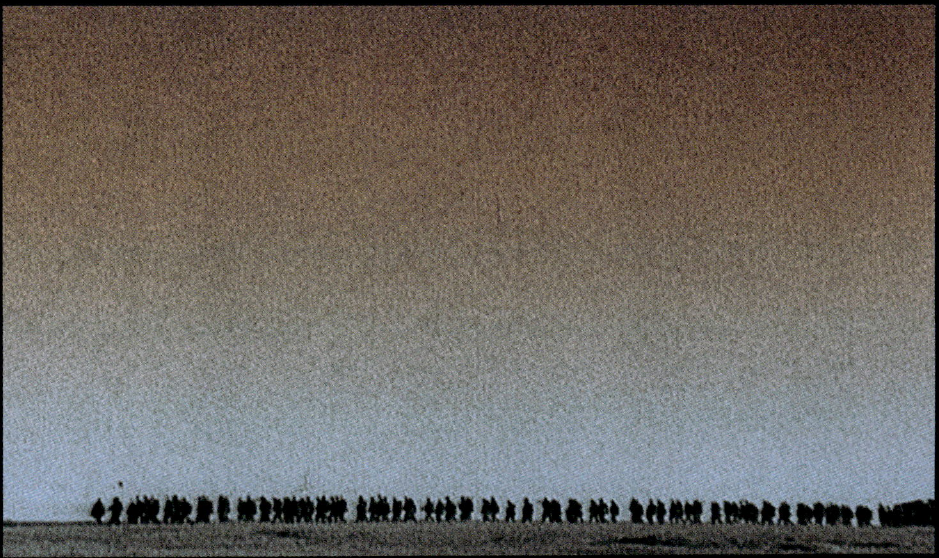

Ein sowjetisches Jagdflugzeug
vom Typ *Polikarpow I-16*

Nach diesem Überraschungsangriff ist von der veralteten sowjetischen Luftwaffe kaum mehr etwas am Himmel zu sehen. Die deutsche Offensive stößt auf einer Frontlinie von 3.000 Kilometern in drei Richtungen vor.

Die Stoß-richtungen der deutschen Offensive

Die Heeresgruppe Nord rückt gegen ein Ziel mit ideologischer Bedeutung vor: Leningrad (heute: St. Petersburg), die Wiege der russischen Revolution. Moskau in der Mitte bildet das politische Ziel, die Ukraine mit Kiew im Süden das wirtschaftliche.

Das kommunistische Parteiorgan *Prawda* meldet die »faschistische Aggression«. Doch was macht Stalin? Der tief enttäuschte und über die ersten katastrophalen Nachrichten entsetzte Diktator verbirgt sich und ist unansprechbar.

Die deutsche Heeresmaschinerie rückt vernichtend vor. Alles wird von den Panzergrenadieren überrollt, denen man eingehämmert hatte: »Ihr rettet den Westen vor den asiatischen Horden. Wir führen einen modernen Kreuzzug gegen das jüdisch-bolschewistische Unwesen«.

Heinz Guderian!

Russland: Feindgebiet

Guderian, der Panzergeneral des Blitzkriegs im Westen, wird beim Vormarsch auf Moskau durch die Stalin-Linie behindert, eine Kette von Verteidigungsanlagen, die die Panzergrenadiere zunächst stürmen müssen. Guderian nimmt den Vormarsch wieder auf, doch dann bremst etwas Unvorhergesehenes seine motorisierten Einheiten, wie Leutnant August von Kageneck berichtet:

»Eingehüllt von Staubwolken rücken wir mit unseren Panzern voran. Wir sind in Russland! Hier existieren weder Straßen noch Asphalt. Er ist schrecklich, dieser schmierige gelbe oder rötliche Staub, überall dringt er ein, in Augen, Nase und Mund.«
Die deutschen Landser marschieren 50 Kilometer pro Tag. Sie werden sich der unermesslichen

Weiten Russlands bewusst. Hunderte von Kilometern legen sie zurück, ohne eine einzige Siedlung zu erblicken. Für die Lastwagen mit dem Nachschub, mit Treibstoff und Munition wird es immer schwieriger, durchzukommen.
Zudem taucht ein anderes Problem auf: Die Russen starten eine Verteidigungsoffensive!

Russischer Staub.

Die deutsche »Acht-Acht« gegen den russischen T-34

Das neue Panzermodell der Russen war für die Deutschen eine böse Überraschung: Der T-34 ist ein Monstrum von 30 Tonnen mit einem furchterregenden Panzergeschütz. Die Nazis fragen sich, wie die Russen, in ihrer Ideologie »Untermenschen«, fähig sein können, solche Kriegswaffen herzustellen. Nur die durchschlagkräftigen deutschen 8,8-cm Kanonen haben eine Chance gegen den T-34.

Das beste Geschütz des Krieges, die deutsche 8,8-cm Kanone ...

... gegen den besten Panzer der Welt.

Langsam, aber stetig rücken die Deutschen vor

Trotzdem verfügen die Deutschen über die beste Bewaffnung und dominieren den Kampf.

Der junge deutsche Panzeroffizier August von Kageneck schreibt: »Fliegenbedeckte Leichen in der prallen Sonne verströmen einen süßlichen, faden Verwesungsgestank, der in der Nase hängenbleibt und ebenso unter die Haut kriecht wie der Staub.«

Die Verluste bei den Russen sind gravierend, doch auch auf deutscher Seite nehmen sie zu.

Bataillonsarzt Heinrich Haape befiehlt den Wehrmachtssoldaten, sechs Stunden vor dem Angriff nichts mehr zu essen: »So haben Sie bei einem Bauchschuss bessere Überlebenschancen. Bereits eine einzige Scheibe Brot führt zu vermehrtem Blutandrang in den Darmgefäßen. Damit steigt die Gefahr, innerlich zu verbluten.«

Trotz aller Schwierigkeiten rücken drei Heeresgruppen weiter gegen Leningrad, Moskau und Kiew vor. Ganze russische Armeen geraten in Kriegsgefangenschaft.

Die kommunistischen Politkommissare, die die sowjetischen Offiziere an der Kandare haben und die Soldaten bespitzeln, sollen laut Hitlers Befehl sofort liquidiert werden. Guderian lehnt das als Kriegsverbrechen ab, doch General Hoepner, der Befehlshaber der 4. Panzerarmee, ist anderer Meinung: »Dieser Krieg muss mit unerhörter Härte geführt werden. Keine Schonung für die Bolschewiken.«

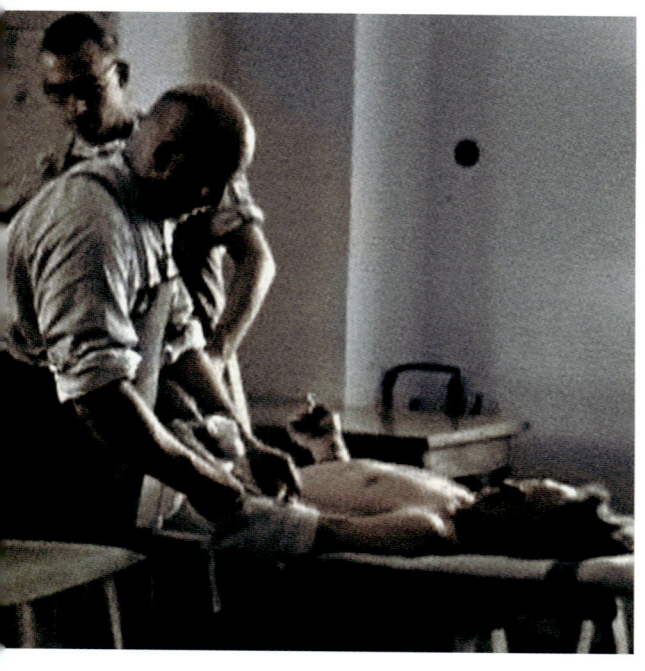

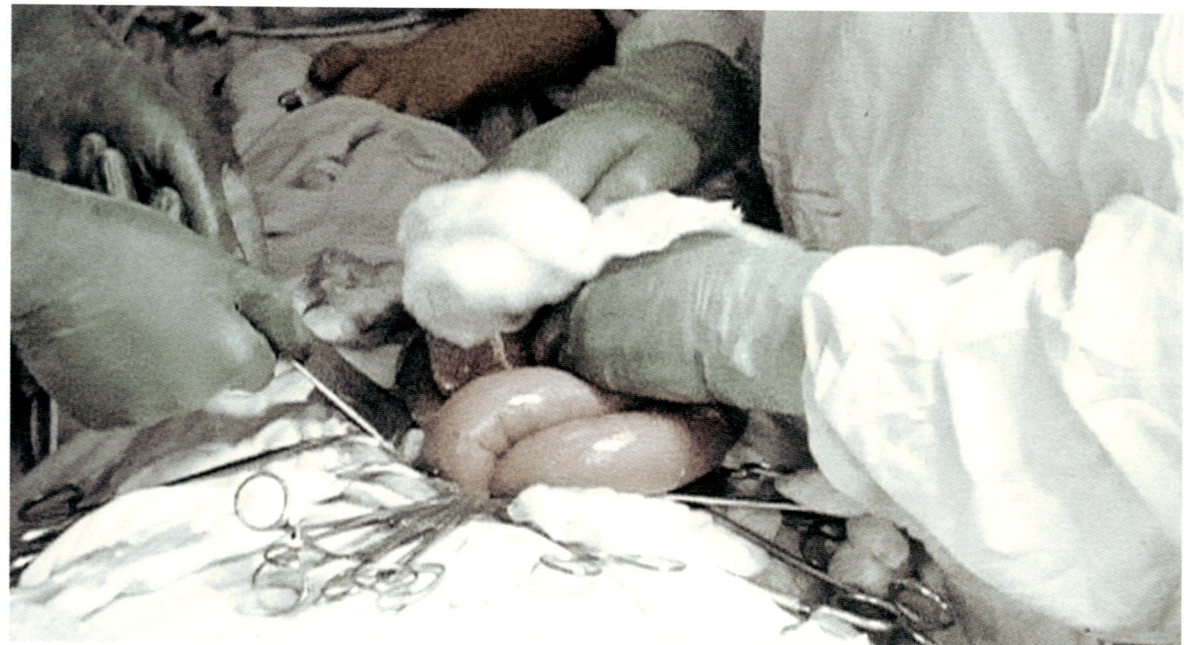

Nazis ergreifen einen sowjetischen Politkommissar.

Hitlers Befehl entsprechend wird er auf der Stelle exekutiert.

Stalin.

Taktik der »verbrannten Erde«

Die Russen kämpfen verzweifelt. Sie sind an der gesamten Front auf dem Rückzug. Stalin wirkt anfangs niedergeschmettert, doch dann kehrt seine Entschlusskraft zurück. Nicht umsonst bedeutet sein Kampfname »Mann aus Stahl«. Am 3. Juli 1941 hält er eine Rede ans Volk, in der er die Russen »meine Brüder und Schwestern« nennt – früher hätte er solche Worte nie ausgesprochen – und die Lage unbeschönigt schildert: »Wir werden von Hitlerdeutschland angegriffen. Dieser Feind ist grausam und unerbittlich! Unserem Vaterland droht große Gefahr.«

In den schwärzesten Stunden wagt er prophetische Worte: »Sind die faschistischen deutschen Truppen wirklich unbesiegbar? Auch Napoleons Armee galt als unschlagbar, und doch wurde sie besiegt.«

Komplette Betriebe mit sämtlichen Maschinen werden unverzüglich nach Osten hinter den Ural verlagert. Für die Bauern gilt der strikte Befehl: »Geht fort aus euren *Isbas* (Bauernhäusern) und zerstört alles. Lasst nichts zurück, was den faschistischen Aggressoren nützen könnte.« Stalin praktiziert die Taktik der »verbrannten Erde«.
Die Deutschen müssen wie ehemals Napoleons Große Armee auf zerstörtem Terrain voranrücken. Der Widerstand der Sowjets nimmt an Heftigkeit zu, und die nächste unliebsame Überraschung für die Invasoren

wartet bereits: Die Russen setzen als neue Waffe Raketenwerfer ein – die sogenannten »Stalinorgeln«, die nach einem patriotischen Lied jener Zeit auch *Katjuschas* genannt werden.
Partisanen sabotieren die Kommunikationsverbindungen des Feindes.
Die Deutschen greifen zu erbarmungslosen Unterdrückungsmaßnahmen. Hitler befiehlt: »Jeder Einwohner, bei dem der geringste Verdacht auf Feindseligkeit besteht, ist sofort zu liquidieren.«

Die russischen Bauern stecken ihre Dörfer in Brand.

Die Russen fliehen.

Die Deutschen rücken vor.

Die Eroberung der Ukraine

Die Ukrainer bereiten den Deutschen einen eher freundlichen Empfang. Hier hat man viele Gründe, die Russen und vor allem Stalin zu hassen.
Der Diktator hatte Anfang der 30er-Jahre eine riesige Hungersnot provoziert, der drei Millionen Einwohner zum Opfer fielen. Die Ukrainer, unter ihnen viele Antisemiten, schieben die Schuld dafür auch den Juden in die Schuhe. Es finden Pogrome statt.
Viele Menschen stellen sich hier auf die Seite der Nazis. Den Deutschen scheint der Weg geebnet,

doch sie lassen die Gelegenheit ungenutzt, Verbündete zu gewinnen. Göring trifft in der Ukraine ein und verkundet die Marschrichtung:
»Keine unnützen Esser. Diejenigen, die arbeiten können, werden für das Reich arbeiten. Die anderen werden sterben. Und diejenigen, die arbeiten, werden alles geben, was sie können. Bis sie sterben.«

Göring.

Die Nazis finden in der Ukraine zahlreiche Sympathisanten.

Judenrazzia.

Nazis treiben Juden zusammen.

SS-Führer Himmler hat die Vernichtung der ukrainischen Juden organisiert.

»Holocaust durch Kugeln«

Vor Ort organisiert Göring mit seinem Komplizen, dem Rassenideologen Rosenberg, die Unterwerfung der Ukraine und die methodische Auslöschung der Juden. Himmler und Heydrich hatten bereits 1939 sogenannte Einsatzgruppen eingerichtet. Diese Exekutionskommandos aus SS-Leuten, Polizisten und Wehrmachtsoldaten verbreiten mit Judenrazzien Furcht und Schrecken.

Die Einsatzgruppen bringen auf diese Weise eine Million Menschen um – Frauen, Kinder, alte Leute, junge Männer.

Die SS treibt die Juden in die Wälder, wo jeder einen Spaten bekommt, um sein eigenes Grab zu schaufeln. Es werden lange Massengräber, in denen direkt auf den zuvor Getöteten erneut gemordet wird.
Dieser vorsätzliche und kaltblütige Mord an einer Million Juden wird später einmal als »Holocaust durch Kugeln« bezeichnet werden.

Vormarsch auf Moskau

Endlich erhält Guderian von Hitler Anweisung, Marschrichtung auf Moskau zu nehmen. Nichts scheint die Deutschen aufhalten zu können, sie rücken in einer endlosen Frontlinie von Leningrad bis Odessa auf die Hauptstadt vor. Doch Anfang Oktober 1941 setzen Regenfälle ein.

August von Kageneck schreibt: »Wir haben es plötzlich mit einem schrecklichen Gegner zu tun: dem Herbstregen und dem Schlamm, den die Russen *rasputiza* nennen: Ein abgrundtiefer, hartnäckig klebender Schlamm, der alles einsaugt, alles hält und nicht mehr loslässt, weder Panzer noch LKWs, Pferde oder Menschen. Er lähmt jede Bewegung.

Wir kommen mühsam fünf Kilometer pro Tag voran. Einen Fuß vor den anderen zu setzen erfordert übermenschliche Anstrengung. Die Panzer,

der Stolz der Wehrmacht, stecken fest.« Frost am 1. November lässt den Boden wieder fester werden. Die Deutschen rücken weiter Richtung Moskau vor, doch welche Leiden sind damit verbunden!

Ein frühzeitiger Kälteeinbruch lässt das Thermometer bis minus vierzig Grad fallen.

Die Wehrmacht war auf einen Blitzkrieg von vier Monaten eingerichtet – danach sollte Russland unterworfen sein. Für solche Temperaturen ist sie nicht ausgerüstet.

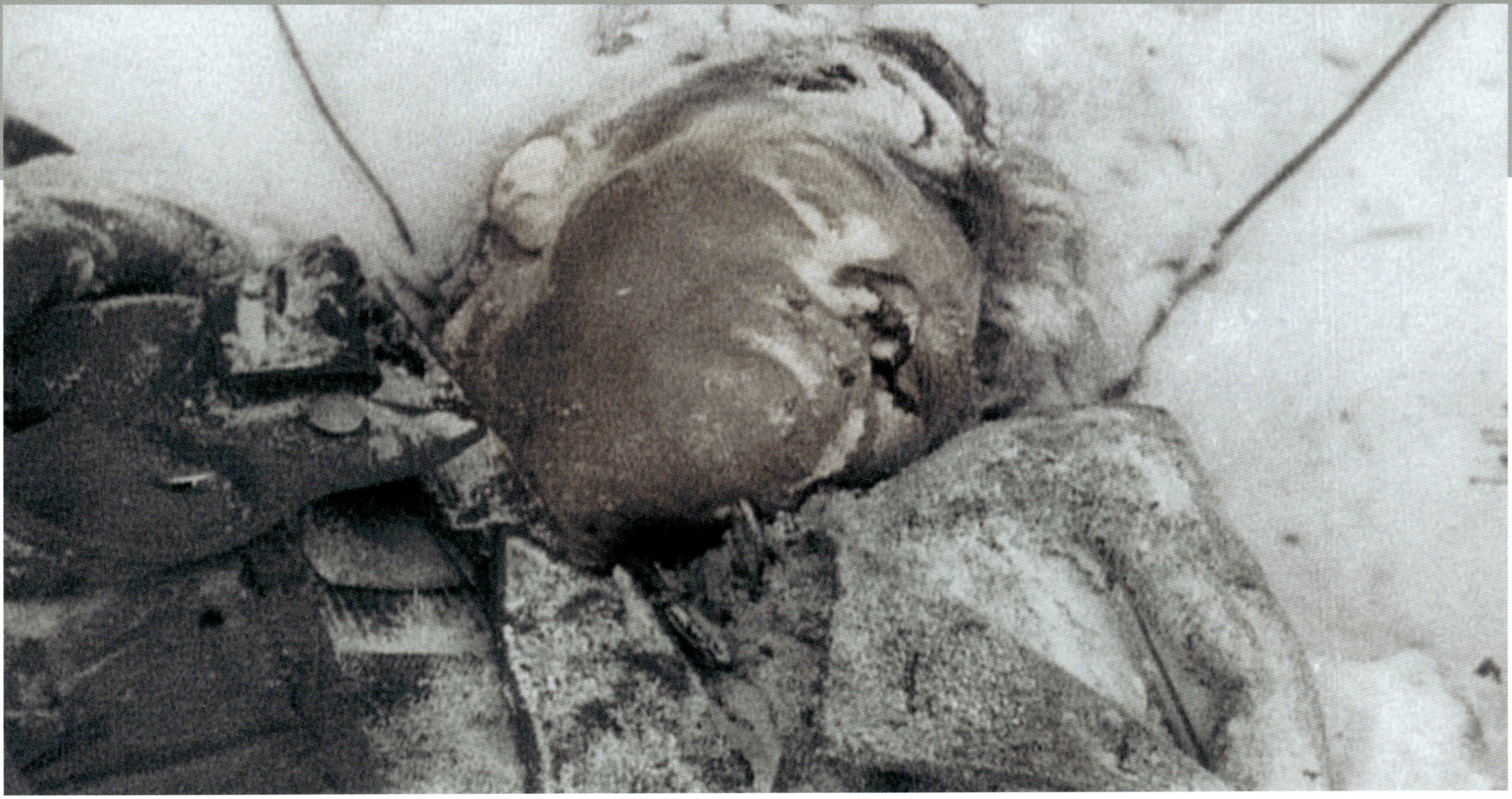

Deutsche Soldaten erfrieren.

Guderian schreibt in seinen Memoiren: »Man muss gesehen haben, wie sich diese ausgehungerten und viel zu leicht bekleideten Männer um einen armseligen Unterschlupf schlagen.« Die Soldaten erfrieren oder sterben an der Ruhr. Der Durchfall zwingt sie 30-mal am Tag, auszutreten. Bataillonsarzt Haape warnt: »Sie haben die Wahl. Wenn Sie die Hosen herunterlassen, erfrieren Sie. Trennen Sie lieber hinten die Naht auf, dann können Sie die Hose dabei anbehalten.« Körperpflege und Wäschewechsel sind nicht mehr möglich. Läuse, Wanzen und die Krätze treiben die Landser halb in den Wahnsinn. Es droht Typhus, durch den schon Napoleons Russlandarmee ein Drittel ihrer Männer verloren hatte.

Durchfall.

Stalin und das sowjetische Massenaufgebot.

Schließlich steht die Wehrmacht 30 Kilometer vor Moskau. Hitler verkündet: »Ich werde diese verfluchte Stadt dem Erdboden gleichmachen und an ihrer Stelle einen künstlichen See mit zentraler Beleuchtung anlegen!«

Die deutsche Vorhut erreicht die Vororte von Moskau und sogar die Endhaltestelle einer Buslinie, die in Friedenszeiten zum Roten Platz fuhr.

Die Rote Armee stellt sich der Offensive der Deutschen entgegen. Unterdessen bestimmt Stalin, die traditionelle Parade auf dem Roten Platz zum Jahrestag der Revolution am 7. November 1941 wie üblich abzuhalten.

In einer Rede an die Truppen erinnert er – bislang ein Tabuthema – an große russische Heerführer, auch der Zarenzeit:

»Erweist euch eurer berühmten Vorfahren würdig: Alexander Newski, der die Teutonen, Dmitri Donskoi, der die Tataren, Suworow, der die Türken und Kutusow, der Napoleon besiegt hat!«

Deutsche Panzer an der Endhaltestelle der Buslinie zum Roten Platz.

Georgi Schukow.

Sibirische Truppen.

Die Verteidigung Moskaus

In Taiga und Schnee erfahrene sibirische Kämpfer.

Stalin organisiert die Verteidigung Moskaus mithilfe seines brillantesten Generals, des 45-jährigen Panzerspezialisten Georgi Schukow, der als das russische Pendant zu Heinz Guderian gilt.

Schukow hat Glück. Laut Agentenberichten des sowjetischen Spions Richard Sorge wird Deutschlands Verbündeter Japan Russland nicht angreifen, da das Reich der aufgehenden Sonne Amerika als seinen Hauptfeind ansieht. Schukow kann in Fernost stationierte Truppen abziehen und schickt den Deutschen gut ausgerüstete sibirische Elitedivisionen entgegen.

Angriff der Sowjets.

Die ersten kriegsgefangenen Deutschen.

Deutsche Gefangene auf dem Weg nach Sibirien.

Raue und taktisch versierte Einheiten rücken aus Sibirien an. Sie führen Rentiere und Skier mit sich und sind bestens gegen die Kälte gewappnet. Ein überlegener Gegner für die schlecht ausgerüsteten Deutschen.

Die herbe Bilanz: 50.000 Deutsche tot oder vermisst, 57.000 in Kriegsgefangenschaft. 15 Jahre später wird nur jeder zehnte von ihnen heimgekehrt sein. Kolonnen von Gefangenen ziehen gen Sibirien. Die Kälte ist allgegenwärtig.

Die deutschen Truppen weichen 200 km zurück. Hitler bestimmt, die neue Kampflinie müsse um jeden Preis gehalten werden. Er setzt 35 Generäle, darunter Guderian, ab und übernimmt selbst den Oberbefehl über das Heer. Er bekommt die Lage einigermaßen in den Griff, organisiert Nachschub und bereitet die Gegenoffensive vor. Auf dem Berghof, bei seinen Hunden, sucht er danach Erholung.

Die Schäferhündin Blondi, Hitlers Herzenstrost.

Pearl Harbor, 7. Dezember 1941.

Eroberungen im Pazifik

Einige Daten

7. Dezember 1941: Angriff auf Pearl Harbor
20. Januar 1942: Wannsee-Konferenz – Beschluss
der »Endlösung«
19. Februar 1942: Erste japanische Bombenangriffe
auf Darwin (Australien)
8./9. März 1942: Fliegerangriff auf Essen
9. April–1. Mai 1942: Todesmarsch der gefangenen
amerikanischen und philippinischen Soldaten auf
Bataan (Philippinen)
18. April 1942: US-Luftangriff auf Tokio
(Doolittle-Raid)
27. Mai–10. Juni 1942: Schlacht von Bir Hakeim
5. Juni 1942: Schlacht um Midway
7. August 1942: Schlacht um Guadalcanal

Traditioneller Sake auf das Wohl des Kaisers.

JAPAN   USA

Pearl
Harbor ○ 🇺🇸 Hawaii

Pazifik

Admiral Yamamoto.

Der Angriff auf Pearl Harbor

7. Dezember 1941, kurz vor Beginn des japanischen Angriffs auf die USA. Die Piloten an Bord des japanischen Flugzeugträgers *Zuikaku* sind seit vier Uhr morgens wach. Kommandant Mitsuo Fuchida versammelt sie für den traditionellen Sake auf das Wohl des Kaisers. Fuchida plant einen Überraschungsangriff auf den großen US-Flottenstützpunkt Pearl Harbor auf Hawaii. Der kühne Plan stammt von Admiral Yamamoto: Pearl Harbor und die amerikanische Marine, das einzige Hemmnis für die Eroberung des pazifischen Raums durch Japan, sollen mit einem entscheidenden Schlag ausgeschaltet werden. Dieser Überfall der Japaner ohne vorherige Kriegserklärung trifft die Amerikaner vollkommen unerwartet. Gegen 30 umgekommene japanische Piloten stehen 2.500 Tote und 1.200 Verletzte auf amerikanischer Seite. Für die Menschen in den USA sind die blutigen Bilder ein Schock. Sie lassen ihre Vorbehalte gegen einen Kriegseintritt der USA fallen.

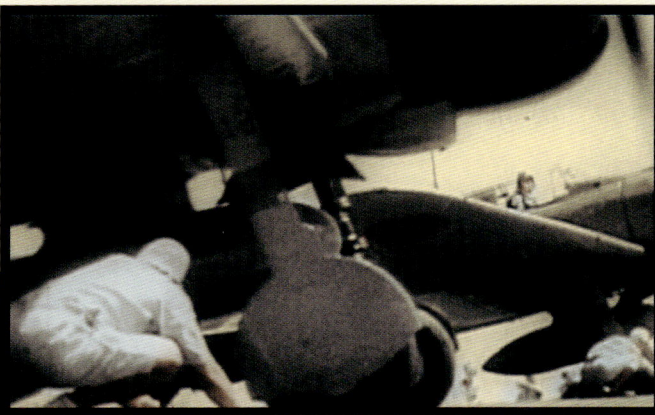

Zero-Jäger starten zum Angriff auf Pearl Harbor.

An Bord eines japanischen Flugzeugträgers.

**Das zerstörte amerikanische
Schlachtschiff USS Arizona.**

Doch dem Angriff folgt weder eine Invasion der Japaner noch die Einnahme Pearl Harbors. Mit der Versenkung der Schlachtschiffe wird zwar ein Teil der US-Flotte zerstört, doch war die Bedeutung dieser Schiffsgattung gegenüber Flugzeugträgern ohnehin bereits im Schwinden begriffen. Alle drei gewöhnlich in Pearl Harbor stationierten US-Flugzeugträger befanden sich jedoch wie durch ein Wunder gerade auf hoher See und blieben intakt.

**Die Japaner hatten nur geringfügige Verluste. Einer ihrer
Piloten wird an der Reede von Pearl Harbor angeschwemmt.**

Franklin Roosevelt.

Kriegseintritt der USA

Angesichts der sich drastisch verschärfenden Spannungen mit Japan war mit einem Angriff zu rechnen gewesen. Doch wer hätte erwartet, dass japanische Marineflieger 5.000 Kilometer von ihren Stützpunkten entfernt zuschlagen können?

Franklin Roosevelt hält am Tag nach dem Angriff eine Rede vor dem US-Kongress:

»Gestern, am 7. Dezember 1941, dem Tag der Ehrlosigkeit, wurden die Vereinigten Staaten von Amerika plötzlich und vorsätzlich angegriffen. Egal, wie viel Zeit wir benötigen, um diese gezielte Invasion zu überwinden – die Menschen Amerikas werden mit der Kraft, die ihnen das gerechte Anliegen verleiht, kämpfen, bis der vollkommene Sieg errungen ist.«

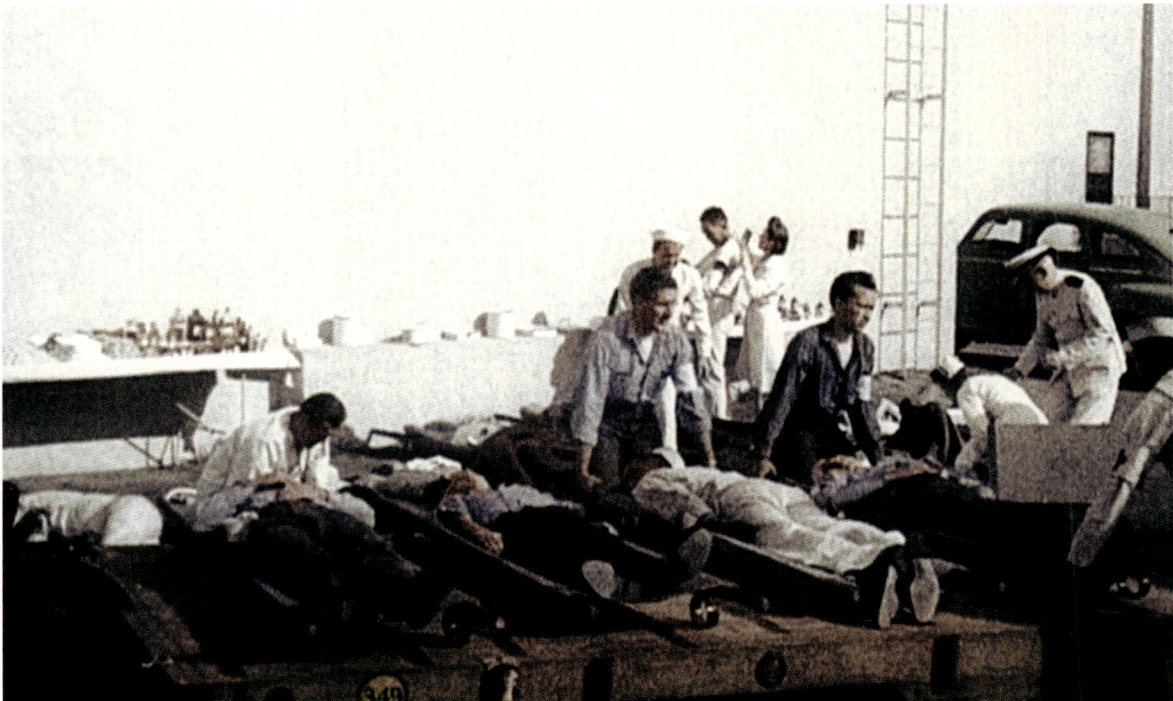

Die japanische Invasion

Am selben Tag greifen die Japaner Hongkong an, nehmen amerikanische Luftbasen auf den Philippinen unter Feuer und landen auf Bataan. Sie besetzen die britischen Kolonien Birma und Malaysia (wegen des Kautschuks) sowie die holländische Kolonie Sumatra (wegen der Erdölvorkommen) und bedrohen Indien und Australien.

Bereits einige Monate zuvor haben sie sich im französischen Indochina etabliert, wo ihnen das Vichy-Regime – nach der Niederlage Frankreichs von 1940 in schwacher Position – Flugzeug- und Flottenstützpunkte überlassen musste. Die USA stoppten daraufhin ihre Erdöllieferungen an Japan und froren japanische Guthaben ein. Diese Wirtschaftssanktionen trieben den überbevölkerten und rohstoffarmen Inselstaat in den Krieg, da Japan für den im Gang befindlichen Aufschwung Rohstoffe benötigte. Nun war es auf dem Weg, sich diese mit Gewalt zu beschaffen.

Die zweit-stärkste Flotte der Welt

Mit nicht weniger als zehn Flugzeugträgern und kampfstarken Jagdflugzeugen wie der hochmodernen *Mitsubishi A6M2 Zero*, die den alliierten Flugzeugen an Geschwindigkeit, Wendigkeit und Reichweite überlegen ist, verfügt Japan über die zweitstärkste Flotte der Welt. Die japanische Armee besteht aus zwei Millionen Kämpfern, die fanatisch auf ihren Kaiser eingeschworen sind.

Kaiser Hirohito und seine Armee.

Die Zero.

Der Kaiserpalast in Tokio.

Die Japaner besetzen die Verbotene Stadt in Peking.

Kaiser Hirohito

Hirohito, der 124. Kaiser Japans, ist ein gelehrter Mann, der in seinem Palast ein Labor für meeresbiologische Forschungen unterhält. Er gilt in Japan als lebender Gott und stützt mit seiner »göttlichen Autorität« das Vorgehen der Militärs: Die kaiserliche Armee hat in China beispiellose Massaker verübt, so 1937 in Nanking, wo 300.000 Chinesen hingemetzelt wurden. Danach marschierten die Japaner hochmütig in der Verbotenen Stadt auf.

Geschah dies alles mit Wissen des Kaisers? Er ist der Herrscher, doch die eigentliche Macht liegt in den Händen General Tojos und einer ultranationalistischen Clique, die das Land kontrolliert und sich dabei einer japanischen Variante der Gestapo bedient, der *Kempeitai*.

Kaiser Hirohito.

General Tojos Kriegserklärung

General Tojos Rede vom 8. Dezember 1941 bedeutet die offizielle Kriegserklärung Japans an die USA: »100 Millionen Japaner müssen sich jetzt ganz ihrem Land weihen und sich für es opfern. Solange wir alle diese patriotische Treue zur Friedensabsicht des Kaisers für die ganze Welt haben, werden wir niemanden fürchten, weder die Amerikaner, noch die Engländer!« Es ist die typische Sprache der kaiserlichen japanischen Militärs. Sie sind Großmeister im Phrasen-Ziselieren und scheuen sich nicht, von »Friedensabsicht« zu sprechen, während sie gerade einen Krieg losgetreten haben… Als sich später Japans Lage zuspitzt, werden sie ein Schriftzeichen erfinden, das »Vormarsch zurück« bedeutet.

General Tojo.

Hitler erklärt den USA den Krieg.

Vom Krieg zum Weltkrieg

Drei Tage nach Pearl Harbor versenken japanische Kampfpiloten am 10. Dezember 1941 zwei britische Schlachtschiffe, die Singapur schützen sollten. Eines davon, die *HMS Prince of Wales*, gehörte zu den modernsten Großkampfschiffen der Zeit und war der Stolz der *Royal Navy*. Englands Position als Herrscherin der Meere ist angeschlagen.

Tags darauf, am 11. Dezember, sucht Hitler den Berliner Reichstag zu einer außerordentlichen Sitzung der Naziführung auf.

Hitler hat seit dem Angriff auf Pearl Harbor und dem Kriegseintritt Japans vier schicksalhafte Tage lang auf eine Kriegserklärung der USA an Deutschland gewartet. Nun wird er sich selbst auf Japans Seite stellen. Tokio, so

Churchill und Roosevelt, Dezember 1941.

Englische Gefangene bei der Brücke am Kwai.

sein Kalkül, wird dann verpflichtet sein, ihn in Russland zu unterstützen, was es bislang nicht getan hat. Seine Kriegserklärung an Amerika verbindet er mit einer Ansprache: »In Roosevelt lebt der ewige Jude. Ich bin dem deutschen Volk dankbar, dass es mich bestimmt hat, diesen historischen Kampf zu führen, der die Zukunft der Welt auf 1000 Jahre hinaus entscheiden wird.«
Der britische Premier Winston Churchill eilt nach Washington, um Roosevelt zu erklären: »Ab heute sitzen wir im selben Boot.« Zwei Jahre hat er auf diesen Moment warten müssen, da Roosevelt seinen Wählern demonstrieren wollte, dass er sämtliche Möglichkeiten zur Erhaltung des Friedens ausschöpft. Nun, da sich der Krieg zum Weltkrieg ausweitet, bekommt Churchill Oberwasser. Er äußert: »Wofür halten sie uns? Vielleicht ist ihnen nicht klar, dass wir das bis zum Ende durchziehen werden. Wir werden ihnen eine Lehre erteilen, die sie so bald nicht vergessen …«

Ein unterschätzter Gegner

Churchill unterschätzte den japanischen Gegner massiv. Hongkong fällt nach nur wenigen Tagen. General Yamashita, der »japanische Rommel«, stößt mit seinen Panzern durch den malaysischen Dschungel vor und erobert über Land kommend Singapur. Der mächtige Artillerieschutz dieser Bastion des britischen Empires war auf einen Angriff von der Seeseite her ausgerichtet gewesen. 27.000 britische Kriegsgefangene sterben in Schreckenslagern an Hunger, tropischen Krankheiten und der schlechten Behandlung. Sie verrichten

Zwangsarbeit beim Bau einer Eisenbahnlinie, die Japan den Weg für die Invasion Indiens eröffnen soll. Zu der Strecke gehört die berühmte Brücke am River Kwai.
Auf den Philippinen erhält der von den Japanern eingeschlossene US-Oberbefehlshaber General Douglas MacArthur von Roosevelt den Befehl, sich abzusetzen. Bei der Ankunft In Australien erklärt er: »Ich werde zurückkommen.«

General Yamashita.

General Douglas MacArthur.

Der Todesmarsch von Bataan

MacArthurs Männer werden gefangen genommen. 30.000 Amerikaner und ebenso viele Philippiner brechen zu einem 100 Kilometer entfernten Internierungslager auf.

Einer der Überlebenden des Todesmarsches von Bataan, Sidney Stewart, erzählt:

»Wir liefen zehn Tage und zehn Nächte, ohne zu essen. Wir wurden ständig geschlagen. Diejenigen, die nicht mehr weiterkonnten, wurden von den Begleitsoldaten getötet. Sie köpften sie mit einem Säbelhieb.«

Ein mitleidsloser Ehrenkodex

Diese Grausamkeit ist eine Folge der Einstellung der japanischen Soldaten jener Zeit. Sie verstehen nicht, wie man sich ergeben kann. Für sie selbst wäre das undenkbar. Von Kindesbeinen an als Krieger erzogen, sind sie geprägt vom Geist des *Bushido*, einem Verhaltenskodex, der die Kunst des Tötens und Getötet-Werdens umfasst. Mitsuo Fuchida, Offizier der kaiserlichen Marine, erläutert:

»*Bushido* bedeutet ›Weg des Kriegers‹ mit der Verpflichtung zu Loyalität, Treue und Aufopferung bis in den Tod. Wir verachten den Tod, und wenn wir töten, so tun wir es mit größter Härte, denn wir vernichten einen Feind. Wir verachten körperliche Schmerzen, wir verachten den ruhmlosen Tod. *Bushido* ist die Kunst des Todes.«

Japanische Seeleute bei der Morgengymnastik.

Ein fanatischer Soldat.

»Banzai!«

In nur fünf Monaten hat Japan die alliierten Streitkräfte in Fernost vernichtet und die Hälfte des pazifischen Raums erobert. »*Banzai!* – Es lebe der Kaiser!« rufen die Soldaten. Und mit einem ohrenbetäubenden »Banzai!« wird der japanische »Blitzsieg« im ganzen Kaiserreich gefeiert.

Der Gebrauch des Bajonetts wird manchmal an Kriegsgefangenen geübt.

Rose, gefilmt von ihrem Vater. Er klammert sich an diese Amateuraufnahmen, um sich selbst Mut zu machen. So entsteht ein bewegendes Porträt seiner Tochter, zu sehen in der TV-Dokumentation.

In London wird Rose während des ganzen Krieges von ihrem Vater gefilmt. Er beruhigt sie: »Trotz der schlechten Nachrichten aus dem Pazifik wird eines Tages alles gut werden, hab keine Angst.« Doch Rose ängstigt sich trotzdem, sobald sie ein Flugzeug hört. Ihr Vater erklärt ihr: »Das ist die Royal Air Force, Churchills *615. Squadron*!«

Churchill ist Ehrenkommandant einer *Spitfire*-Staffel.

»Germany first«
»Deutschland zuerst«

Die *Air-Force*-Piloten sind Überlebende der Luftschlacht um England, unter ihnen: Belgier, Polen, Tschechen und Franzosen. De Gaulle ist ihnen besonders zugetan, denn sie haben sich als eine der ersten in England hinter ihn gestellt. Nun ist die Reihe an ihnen, auch in Frankreich Angriffe gegen die Deutschen zu fliegen. Zwischen Churchill und Roosevelt besteht Einvernehmen, dass Deutschland als erstes niedergeworfen werden muss: *»Germany first.«*

General de Gaulle und ein Mitglied der France libre-Truppen.

Churchill stellt eine Luftflotte zusammen, die Deutschland angreifen soll. Sie wird von General Arthur Harris, *Harris The Bomb* genannt, befehligt. Er kündigt an:
»Wir werden ihre Moral und ihre Fabriken mitsamt ihren Arbeitern zerstören.«
Harris ist überzeugt, dass er den Krieg mit seinen starken viermotorigen Bombern vom Typ *Halifax* und *Lancaster* gewinnen kann. Er wird für diese Strategie, die ihn viele Piloten und Flugzeuge kostet, kritisiert. Mit ihr zieht der Tod in die deutschen Städte ein.
Am 8./9. März 1942 trifft es mit Essen ein für die deutschen Truppen in Russland hochwichtiges Zentrum der Rüstungsindustrie, die »Waffenschmiede des Reiches«. Churchill sieht darin einen Weg, Stalin zu unterstützen ...

Reinhard Heydrich, »Der Schlächter«, und seine SS.

Ein *Avro Lancaster-*Bomber.

Himmler und Göring.

Essen 1942. Der Beginn der Fliegerangriffe.

Die Endlösung

Allmählich werden den Deutschen die Konsequenzen der Politik Hitlers bewusst, während sich der »Führer« in einen mörderischen Wahn hineinsteigert. Hitler, Göring, Himmler und dessen rechte Hand Heydrich organisieren die »Endlösung«, womit sie die Auslöschung der europäischen Juden meinen. Mit der Wannsee-Konferenz in Berlin im Januar 1942 wird der Massenmord industriell organisiert …
In Auschwitz drängt man Tausende von Juden in Räume, die als Duschen getarnt sind, vergast sie und verbrennt sie anschließend in Krematorien. Nach dem in Russland praktizierten »Holocaust durch Kugeln« stellt das eine neue Dimension des Genozids dar.

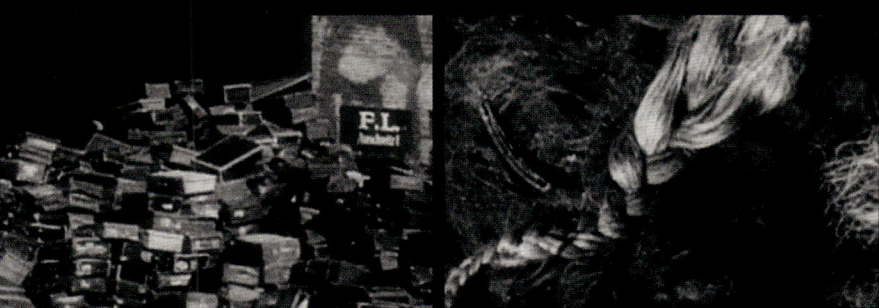

Gefangene.

Die deutsche Armee, ein riesiger Schmarotzer

Mit der Okkupation halten Armut und Not in ganz Europa Einzug. Alles ist rationiert, sämtliche im Besatzungsgebiet produzierten Güter dienen der Versorgung der deutschen Armee, die sich als gewaltiger Schmarotzer erweist.

Millionen Menschen werden als Gefangene nach Deutschland verschleppt. Einer von ihnen schreibt: »Fern von meiner Frau habe ich die schönsten fünf Jahre meines Lebens verloren.«

Nicht nur in Frankreich nehmen die Attentate auf die Besatzer zu, vor allem seit die Kommunisten nach dem deutschen Einmarsch in die Sowjetunion wieder mitkämpfen. Die Deutschen beantworten die Attentate mit der Hinrichtung von Geiseln.

De Gaulle verfügt inzwischen über eine kleine Armee in Afrika, die auf Seiten der Briten kämpft. Die *Français libres* – vom Vichy-Regime in Abwesenheit verurteilt – stehen seit dem 18. Juni 1940 im Kampf.

Die größte Berühmtheit erlangt General Leclerc – er heißt eigentlich Philippe de Hauteclocque, mit dem Pseudonym schützt er seine in Frankreich verbliebene Familie. Von de Gaulle zum General befördert, besorgt sich Leclerc eine Schirmmütze mit zwei Sternen – er nimmt sie einem Italiener nach der Einnahme der Kufra-Oasen in Libyen ab.

Am jenem Tag schärft er seinen Männern ein: »Schwört, die Waffen erst niederzulegen, wenn unsere Fahne wieder über dem Straßburger Münster weht.«

General Leclerc.

Bir Hakeim

General de Gaulle nimmt in Ägypten die Parade der *Français libres* und der Briten ab.

Andere Kontingente der *Français libres* halten bei der libyschen Oase Bir Hakeim zwei Wochen lang die Offensive von Rommels Afrikakorps auf. Noch dominieren die Achsenmächte – Deutschland, Italien

Bir Hakeim: die Fremdenlegion opfert sich, um Rommel aufzuhalten.

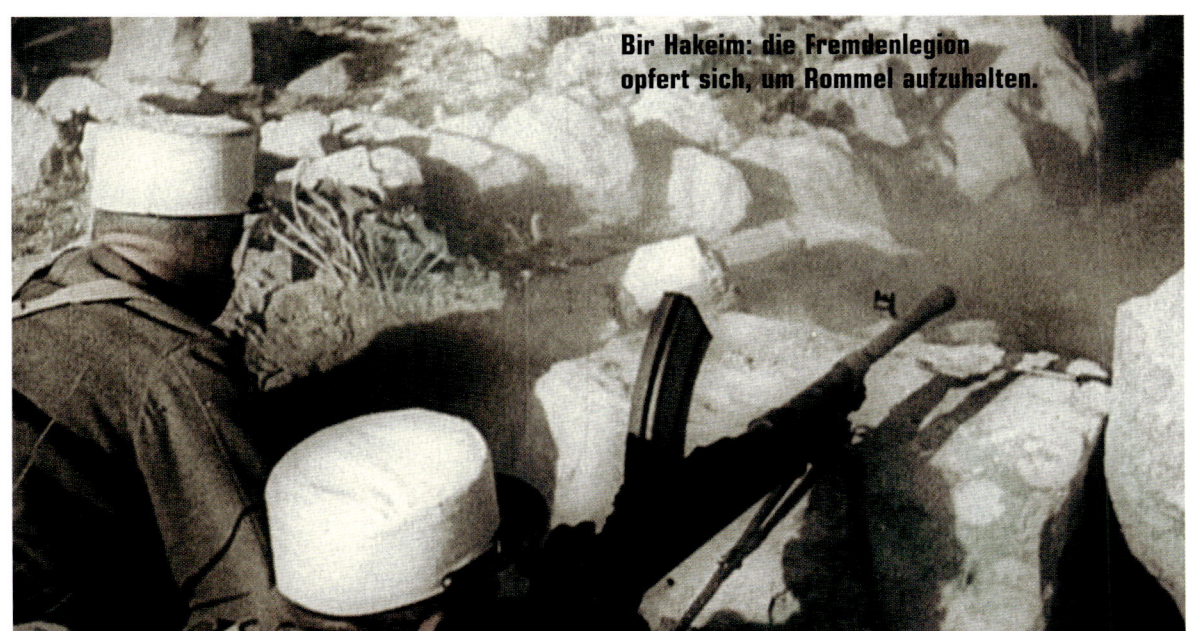

und Japan – in dem weltweiten Konflikt an allen Fronten. Das Afrikakorps steht vor den Toren Ägyptens, die Wehrmacht hat Russland zu einem Drittel besetzt, die japanische kaiserliche Marine kontrolliert den Pazifik, und die deutschen U-Boote stellen im Atlantik eine ernst zu nehmende Gefahr dar. In den ersten Monaten des Jahres 1942 haben sie bereits vier Millionen Bruttoregistertonnen alliierter Schiffe versenkt. Trotz des Kriegseintritts der USA scheint der Krieg für die Alliierten verloren zu sein.

Mit Stefan Zweig, Österreicher und Jude, begeht einer der größten Schriftsteller des 20. Jahrhunderts im Exil Selbstmord.

In seinem Abschiedsbrief schreibt er: »Die Heimat meiner Sprache ist für mich untergegangen und meine geistige Heimat Europa hat sich selber vernichtet. […] So halte ich es für besser, rechtzeitig und in aufrechter Haltung ein Leben abzuschließen, dem geistige Arbeit immer die lauterste Freude und persönliche Freiheit das höchste Gut dieser Erde gewesen.«

New York, 1941.

USA:
Übertriebene Ängste

New York 1942. Bar jeden Realitätsbezugs schüren Presse und Rundfunk die Panik vor einem deutschen Bomberangriff, obwohl die USA außerhalb der Reichweite deutscher Bomber lagen. Dennoch wird Verdunkelung angeordnet.

Noch stärker grassiert die Massenhysterie an der Westküste, wo eine Landung der Japaner wahrscheinlicher erscheint: Gegenüber 120.000 japanischstämmigen US-Bürgern macht sich auf einmal Misstrauen breit. Viele leben seit Generationen in Kalifornien, haben Handel und Landwirtschaft vorangebracht und besitzen die amerikanische Staatsbürgerschaft.

Sie werden dennoch verhaftet. Ihre Häuser und Läden müssen innerhalb von 48 Stunden verkauft sein. Man siedelt sie um in entlegene Barackenlager, die beispielweise in der Wüste von Utah liegen oder in den verschneiten Weiten Oregons. Was schamhaft

Japanischstämmige Amerikaner vor der Abfahrt in die Lager.

**Die Amerikaner japanischer Herkunft bleiben
trotz allem große Patrioten.**

als Internierungslager bezeichnet wird, erinnert an
eine andere Art Lager ... Die Treue der US-Japaner
zu Amerika bleibt trotz alldem unerschüttert: 6.000
werden im Pazifikkrieg als Übersetzer eingesetzt,
20.000 kämpfen in Europa gegen die Deutschen. Die
anderen kommen jedoch erst bei Kriegsende frei.

125

Das Programm für den Sieg

Die Mobilmachung von 1942 umfasst in den USA 11 Millionen Männer sowie 6 Millionen Frauen, die an deren Stelle in den Rüstungsbetrieben arbeiten werden. 60.000 Flugzeuge, 75.000 Panzer und 10 Millionen Bruttoregistertonnen Schiffe sind Roosevelts Zielvorgabe für die Produktion – sein »Programm für den Sieg«. Ein Sieg, der ungewiss in weiter Ferne liegt.

Das Beste wäre jetzt ein großer Erfolg, um der Öffentlichkeit in den USA Sicherheit zu vermitteln. Die Bombardierung Japans! Da kein Flugzeug genügend Reichweite hat, wird ein gewagter Plan entworfen. Ein Flugzeugträger, die *USS Hornet,* soll mit 16 B-25-Bombern an Bord versuchen, sich Japan zu nähern. Niemals zuvor haben so große Maschinen von der kurzen Startbahn eines Flugzeugträgers abgehoben.

James Doolittle, ein prominenter Flieger, der es in der US-Air Force zum Oberstleutnant gebracht hat, trainiert

die Besatzungen und leitet den Luftangriff. Ein quasi undurchführbarer Auftrag angesichts des Startgewichts mitsamt Bomben und Flugbenzin für die weite Strecke. Doch der Start am 18. April 1942 glückt.

Der Kino-Kassenschlager *30 Sekunden über Tokio* schildert die Aktion. Die paar Tonnen Bomben richten zwar wenig Schaden an, bedeuten aber eine deftige Ohrfeige für das Reich der aufgehenden Sonne.

Den meisten Piloten gelingt es, auf unbesetztes chinesisches Gebiet weiterzufliegen. Doolittle wird in den Generalsrang erhoben. Später wird er einer der Oberbefehlshaber der US-Luftwaffe.

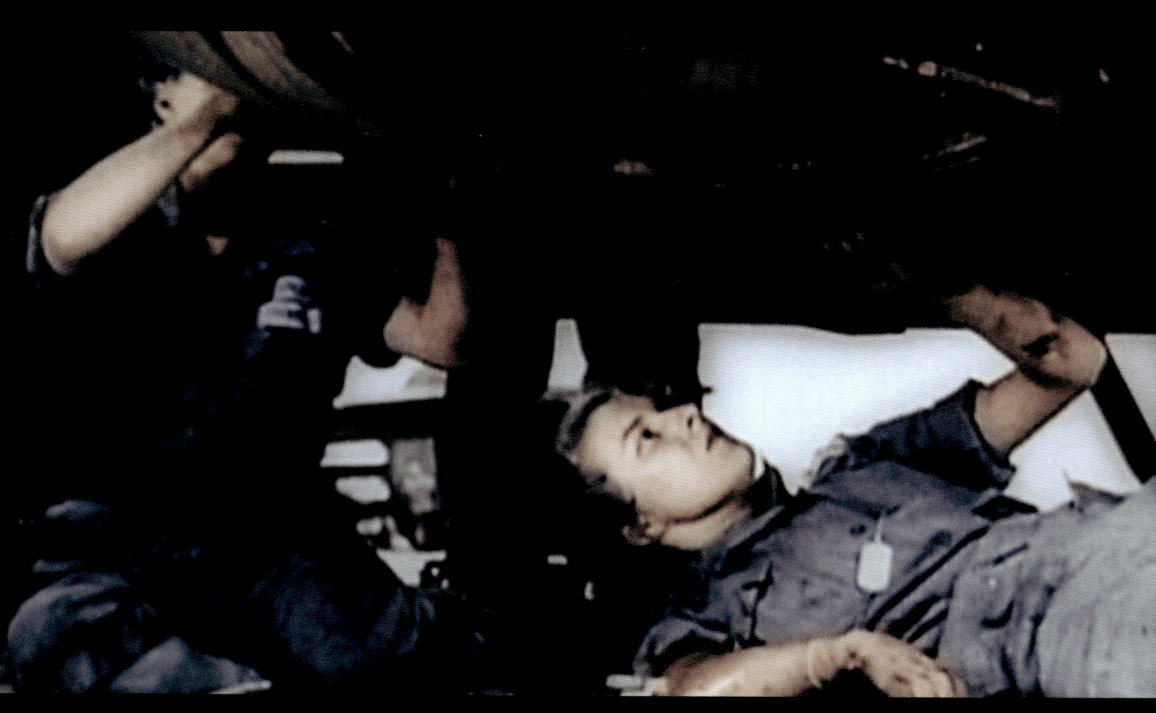

B-25-Mitchell-Bomber auf dem Flugzeugträger USS Hornet kurz vor dem Start zum Luftangriff auf Japan.

James Doolittle und seine Piloten.

Über dem Pazifik, auf dem Weg nach Japan.

»Dreißig Sekunden über Tokio.«

Ein amerikanischer Pilot des Luftangriffs auf Tokio wird gefangen genommen und hingerichtet.

Midway

Eine Maschine musste auf japanischem Gebiet notlanden – erbarmungslose Rache ereilt die Besatzungsmitglieder. Sie kommen als Kriegsverbrecher vor Gericht und werden zum Tode verurteilt.

Für General Tojo und Admiral Yamamoto ist der amerikanische Luftangriff ein Zeichen, dass Japan seine Stellung im Pazifik ausdehnen muss. Sie planen

Admiral Chester Nimitz.

die Einnahme des Midway-Atolls, eines US-Stützpunkts im Pazifik, und die Landung in Pearl Harbor, die sie sechs Monate zuvor versäumt haben.

Was die Japaner nicht ahnen: Die Amerikaner wissen über ihr Vorhaben Bescheid; ihnen ist es gelungen, den japanischen Funkcode zu knacken. US-Oberbefehlshaber Admiral Chester Nimitz kann in Ruhe die Verteidigung organisieren. Er verfügt zwar über weniger Flugzeugträger als Admiral Yamamoto, zieht diese aber alle bei Midway zusammen, wo sie auf hoher See auf ihren Einsatz warten.

Am 3. Juni 1942 nähert sich Yamamoto an der Spitze des größten jemals gebildeten Flottenverbandes: 200 Kriegsschiffe, darunter acht Flugzeugträger mit rund 600 Flugzeugen und 5000 Marineinfanteristen. Sogar ein Maler ist dabei, der die militärische Großtat verewigen soll: Tsuguharu Fujita (1886–1968), einer der berühmtesten Künstler vom Montparnasse. Seine Spezialität sind eigentlich rätselhafte, zum Teil gewollt naive Frauen- und Katzenporträts. Pflichtbewusst ist er in die Heimat zurückgekehrt, um Japan zu dienen.

Japanische Matrosen.

Ein berühmter Montparnasse-Künstler stellt sich in den Dienst seiner Heimat: Fujita malt die japanische Flotte auf ihrem Weg nach Midway.

Auf amerikanischer Seite wiederum ist John Ford (1894–1973) im Einsatz, um die Verteidigung von Midway im Film festzuhalten. Der großartige Regisseur von *Stagecoach*, *Früchte des Zorns* und *Der Sieger*, viermaliger Oscar-Gewinner, fängt am Vorabend der Schlacht eine Atmosphäre ein, die der Spannung vor dem finalen Revolverduell in einem Western ähnelt. Die *Marines* wissen: Am nächsten Tag steht der Angriff bevor.

Um 5 Uhr morgens filmt Ford die erste Angriffswelle der Japaner, die ihre Bomben über dem US-Stützpunkt abwerfen. Eine davon explodiert in der Nähe des Regisseurs. Er wird schwer verletzt und verliert ein Auge.

Die Amerikaner mobilisieren ihrerseits den großen Regisseur John Ford.

**Japanische Bomber kommen vom Angriff auf Midway
zurück und finden keine Flugzeugträger mehr vor.**

Der Überraschungssieg der Amerikaner bei Midway

Die amerikanischen Piloten starten zur Gegenattacke auf die japanische Flotte. Dort ist die Vorbereitung einer zweiten Angriffswelle im Gang, die Betankung der Flugzeuge und ihre Beladung mit Bomben ist noch nicht abgeschlossen.

Ein unerhörter Glücksfall für die Amerikaner! Sie versenken vier feindliche Flugzeugträger. Als die japanischen Piloten, die den Angriff auf Midway geflogen haben, zurückkehren, ist kein einziges Schiff mehr da, auf dem sie landen könnten. Einem nach dem anderen geht der Treibstoff aus, und sie müssen notwassern, dort, wo die Haie warten.

Diese erste Niederlage der Japaner lässt die Moral der Alliierten wieder steigen.

»Wir sind wieder zuversichtlich«, äußert Churchill.

Japanische Piloten müssen notwassern.

Australien in Japans Visier

Noch scheinen die Japaner nicht geschwächt. Während sie im Zentralpazifik bei Midway nicht vorankommen, geht ihr Vorstoß nach Süden in Richtung Australien weiter.

Sie verstärken ihre in Neuguinea stehenden Truppen laufend mit Marineinfanteristen. Australierinnen heben Schützengräben aus. Indessen versuchen ihre Verlobten, den Japanern auf Neuguinea entgegenzutreten, einer riesigen und schwer zu durchquerenden Insel. Die Papuas erweisen sich als wertvolle Verbündete für die Australier.

Es ist ein zermürbender Krieg gegen die Japaner – und gegen Moskitos, rote Ameisen, Blutegel und Schlangen …

Ein verzweifelter Kampf …

... attackiert von Moskitos, Blutegeln und Schlangen ...

Und der japanische Vormarsch geht weiter: Ein amerikanisches Aufklärungsflugzeug entdeckt, dass die Japaner auf der Salomonen-Insel Guadalcanal ein Flugfeld anlegen. Eine neue Bedrohung für Australien ...

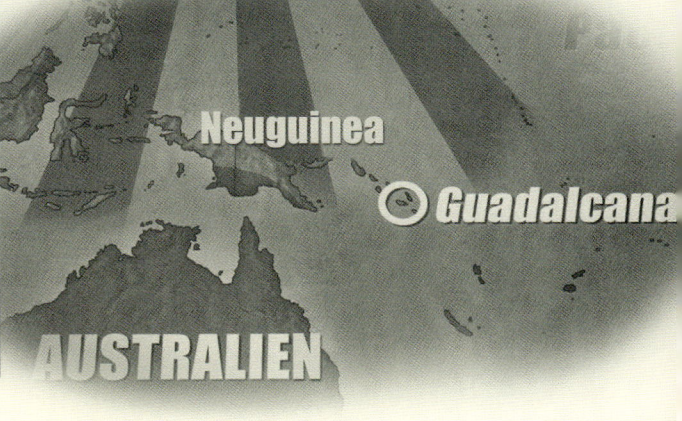

... geht es gegen die Japaner.

Landung auf Guadalcanal.

Der Urwald ängstigt die US-Soldaten.

Die erste Landung der US-Marines

Die USA führen daraufhin die erste große amphibische Landung des Zweiten Weltkrieges durch. Am 7. August 1942 überrollen ihre Marinetruppen die Strände von Guadalcanal, ohne auf Widerstand zu stoßen, und dringen in den Regenwald vor.

Edwin Morgan war dabei: »Wir machten Bekanntschaft mit dem Urwald. Er war voller verdächtiger und unheimlicher Geräusche. Ich jedenfalls hatte Angst. Aber man sagte sich: Wieso sollte es den Japanern anders ergehen? Die wohnen alle in Städten, in Japan gibt es keinen Urwald.«

Die *Marines* sind professionelle Kämpfer, und die Japaner, die sich ihren MGs fanatisch mit Bajonettgewehren entgegenstellen, zahlen einen hohen Blutzoll. 900 Soldaten sterben in der Schlacht am Tenaru-Fluss. Amerikanische Truppen erobern den Flugplatz, vergrößern und nutzen ihn als Basis für ihre Flugzeuge. Dies macht ihn zum ständigen Angriffsziel der japanischen Marine. Japanische Kreuzer belegen das Flugfeld nachts mit einer solchen Regelmäßigkeit mit Dauerbeschuss, dass die Amerikaner scherzhaft vom nächtlichen »Tokio-Express« sprechen.

Die Japaner lauern ihnen auf.

Kampf im Dschungel.

Die entscheidende Schlacht. Tote japanische Soldaten.

Ein erster Sieg in Guadalcanal.

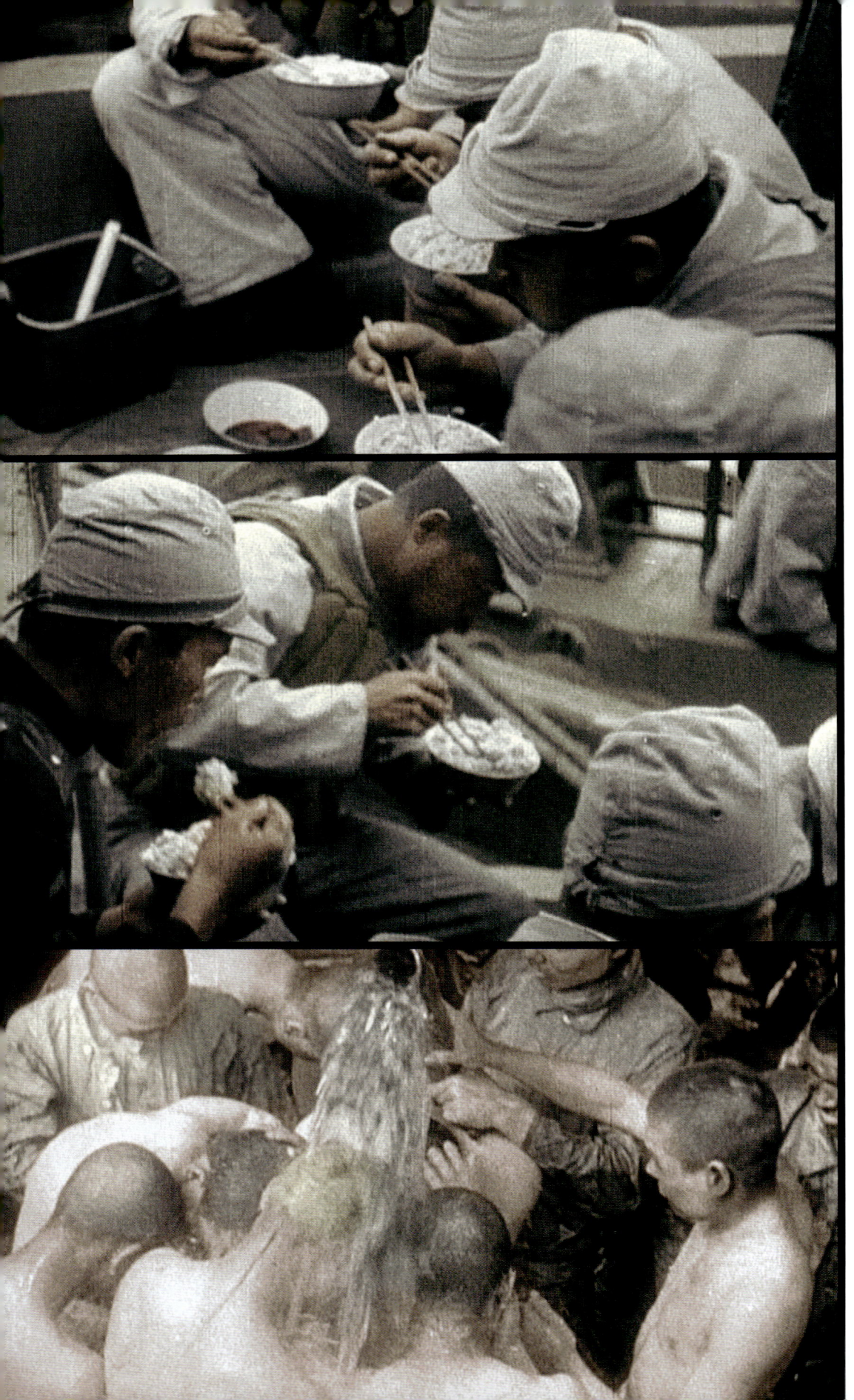

Abnutzungskrieg im Pazifik

Eine Seeschlacht beginnt. Amerika will verhindern, dass die Japaner Verstärkung absetzen. Ein japanisches Eliteregiment kommt dennoch durch. Wieder sind es Marineinfanteristen, gefürchtete Kämpfer.

Doch tropische Krankheiten im Urwald setzen ihnen zu, gegen die sie keinen Schutz haben. Die Hälfte stirbt an Malaria. Die andere opfert sich in der Geisteshaltung des *Bushido*. Ihr Befehlshaber, Oberst Ichiki, ruft ihnen die Devise der Samurai in Erinnerung: »Die Pflicht des Kriegers ist schwer wie ein Berg, doch sein Tod ist leicht wie eine Feder.«

An Bord der japanischen Truppentransportschiffe.

Die Kämpfe um Guadalcanal dauern sechs Monate an. Ein zermürbender Abnutzungskrieg ... Für die Marines verwandelt sich der Urwald in eine »grüne Hölle«, in der sie wie in einer Falle sitzen.
Um dieselbe Zeit erlebt die Rote Armee ihren »schwarzen Sommer von 1942«.

Rückkehr an die Ostfront

Die Deutschen rücken im Osten wieder vor. Sie machen weiterhin Kriegsgefangene, allerdings weniger als im Vorjahr, da sich die Sowjets meist zurückziehen und nur »verbrannte Erde« hinterlassen. Was Hitler für ihre Flucht hält, geschieht auf Stalins Befehl.

Russische Kriegsgefangene, Sommer 1942.

Für die Landser bedeutet jedoch jede Stadt ein erbittertes Ringen. Hitler wirft all seine Reserven in diesen Hexenkessel, fünf Millionen Soldaten. Seiner Einschätzung nach fehlen ihm noch 800.000 Mann für die Entscheidungsschlacht. Sie sollen von den rumänischen, ungarischen und italienischen Verbündeten gestellt werden.

Die meisten werden gezwungen, für Hitler zu kämpfen, darunter ein Kontingent Italiener, die einzig und allein der Größenwahn Mussolinis in diesen Krieg getrieben hat.
Von 300.000 Mann werden nur 10.000 heimkehren.

Italienische Soldaten.

Zwei strategische Ziele: Erdöl im Kaukasus und die Fabriken von Stalingrad

Hitlers Strategie ist nicht mehr auf Moskau gerichtet, sondern auf den Süden Russlands. Er plant eine gewaltige Zangenbewegung, die sich um die Erdölquellen im Transkaukasusgebiet und im Mittleren Osten schließen soll. Rommel rückt von der anderen Seite her in Ägypten weiter vor.

Das zweite Ziel im Osten ist Stalingrad, die »Stadt Stalins«, mit ihren Fabriken. Hitler startet beide Offensiven gleichzeitig. Sein Generalstab ist beunruhigt: Wieder zersplittert Hitler seine Streitkräfte, wie schon im Vorjahr vor Moskau. Ein Teil der Wehrmacht dringt in die Kaukasusregion vor. Zur selben Zeit beginnt General Paulus' 6. Armee den Vormarsch auf Stalingrad.

Hunde als Selbstmordattentäter.

Hunde als Waffe

Hunde sollen das unerbittliche Vorrücken der deutschen Panzer aufhalten – in ihrer Verzweiflung greifen die Russen zu diesem ungewöhnlichen Mittel. Bis dahin haben sie höchstens Soldatenstiefel aus Hundeleder hergestellt. Jetzt entwickeln sie im Eiltempo eine Kampfmethode, bei der sie sich die Erkenntnisse des berühmten Forschers Iwan Pawlow über bedingte Reflexe zunutze machen. Sie konditionieren Hunde darauf, ihr Futter unter Raupenkettenfahrzeugen zu suchen. Die ausgehungerten Tiere werden – mit einem fernsteuerbaren Sprengstoffgürtel versehen – losgelassen, sobald ein deutscher Panzer am Horizont auftaucht.

Der berühmte Barmaley-Brunnen mit den tanzenden Kindern im brennenden Zentrum von Stalingrad.

Nikita Chruschtschow.

Die Schlacht um Stalingrad

Stalin überträgt die Verteidigung von Stalingrad dem Ukrainer Nikita Chruschtschow, einem seiner erbarmungslosesten Männer, vor dem Krieg einer der Mitverantwortlichen für die Stalinschen »Säuberungen«. Chruschtschow gibt Stalins Befehl aus, keinen Schritt mehr zurückzuweichen, und wird 15.000 seiner eigenen Soldaten wegen »mangelnden Mutes« erschießen lassen. Trotzdem kann er nicht verhindern, dass die Deutschen bis in die Vororte von Stalingrad vorrücken. Die Stadt wird von Sturzkampfbombern zerstört.

Anfang September 1942 gelangt Paulus an die Eisenbahnlinie, die Stalingrad mit Moskau verbindet, und bewegt sich an ihr entlang. Es gelingt ihm, den Hauptbahnhof von Stalingrad einzunehmen.

Stukas zerbomben die Stadt.

Vorläufig haben die Deutschen gesiegt, doch ihre Sorge bleibt.

Tod eines deutschen Soldaten.

Nach vier Wochen nehmen die Deutschen endgültig den hart umkämpften Mamajew-Hügel ein, die einzige Erhebung in Stalingrad, von der aus sie die ganze Stadt kontrollieren können. Am 15. Oktober haben sie ihr Ziel erreicht und stehen an der Wolga. Nur ein schmaler Landstreifen an dem großen russischen Strom wird noch von wenigen sowjetischen Soldaten gehalten. General Paulus kann dem Führer melden: Die 6. Armee hat Stalingrad besetzt, über der Stadt weht nun die Hakenkreuzflagge.

Paulus' Panzer rücken vor.

Hitler lässt eine Gedenkmedaille für die Einnahme von Stalingrad prägen. Er frohlockt: »Ich wollte Stalins Stadt einnehmen, jetzt gehört sie uns!«

Die Deutschen stehen an der Wolga!

Die Hakenkreuzflagge weht über Stalingrad.

145

Russische Verstärkung für Stalingrad – auf dem Weg in den Tod.

Vormarsch der Alliierten

Stalingrad und die Wolga.

Einige Daten

September 1942–2. Februar 1943: Schlacht um Stalingrad
23. Oktober–3. November 1942: Zweite Schlacht von El Alamein
8. November 1942: Operation Torch (Landung der Alliierten in Nordafrika)
27. November 1942: Operation Lila (Selbstversenkung der französischen Flotte in Toulon)
14.–24. Januar 1943: Konferenz von Casablanca
19. April 1943: Aufstand im Warschauer Ghetto
5. Juli–23. August 1943: Operation Zitadelle (Schlacht um Kursk)
25. Juli 1943: Festnahme Mussolinis
23. September 1943–27. April 1945: Republik von Salò (Italien)
1943: Bau des Atlantikwalls

Die Hölle von Stalingrad

Ende Oktober 1942. Stalingrad, den Fluss schützend im Rücken, leistet weiter Widerstand. Die Wehrmachtsoldaten hören eine Führerrede im Radio:

»Stalingrad ist erobert, bis auf wenige Widerstandsnester, die wir eines nach dem anderen einnehmen werden – es ist nur eine Frage der Zeit.« Für Hitler ist Stalingrad das Symbol seines Sieges über Russland. Doch nach zwei Kriegsjahren kommt die Ostfront nicht mehr von der Stelle. Immer noch belagern die Deutschen Leningrad, das auch nach 700 Tagen ununterbrochener Blockade nicht aufgibt.

Moskau ist kaum mehr als eine Fata Morgana. Stalingrad ist nicht wirklich besiegt, und im Gegensatz zu Hitlers Behauptungen überqueren weiterhin sowjetische Fähren die Wolga und bringen Verstärkungstruppen. Tag für Tag setzen die Russen Tausende junger Männer am Westufer des Flusses ab. Diese haben manchmal weder Waffen, noch eine militärische Ausbildung. Wer vor den deutschen Artilleriegranaten flieht, wird gnadenlos von den sowjetischen Politkommissaren erschossen.

Oberst Ludnikow, ein russischer Offizier, meint kategorisch:

»Wir kämpfen um jeden Meter Erde. Aber unser Maß ist ein anderes als eures – es ist der Meter von Stalingrad. Hier zählt jeder Zentimeter. Wir verbeißen uns in die Erde und weichen nicht zurück.«

Die Deutschen versuchen den Verteidigern mit Flammenwerfern beizukommen. Es ist die Hölle von Stalingrad.

Georgi Schukow.

Der Schukow-Plan

Am 7. November 1942, dem Jahrestag der russischen Revolution, kündigt Stalin unerwartet an: »Morgen werden wir auf den Straßen tanzen!« Denn General Schukow, der Retter von Moskau, hat einen Plan: Er will die kleinen Widerstandsinseln so lange wie möglich aufrecht erhalten, um General Paulus' Truppen in Stalingrad zu binden.

Östlich der Wolga sammelt Schukow währenddessen unter größter Geheimhaltung eine Armee. Die ganze Sowjetunion arbeitet trotz der Zerstörungen und des Verlustes eines Viertels ihres Staatsgebiets daran, für diese neue Truppenansammlung Material bereitzustellen. In den weit ins Hinterland verlagerten und an der Grenze zu Asien wieder aufgebauten Fabriken läuft die Produktion jetzt Tag und Nacht. Auch hier werden übermenschliche Opfer gebracht.

Russische Soldaten hören Stalins Ansprache.

Maßlose Anstrengungen beim deutschen Vormarsch auf Stalingrad.

Sowjetische Frauen arbeiten bis zur Erschöpfung in den Rüstungsbetrieben.

Amerikanische Jeeps bei der Roten Armee.

Winston Churchill zeigt siegesgewiss das Victory-Zeichen bei seinem Besuch bei der britischen Wüstenarmee.

Im Winter 1942 arbeitet eine unermessliche Anzahl von Frauen in den sowjetischen Rüstungsbetrieben. In ungeheizten Werkshallen, manchmal sogar unter freiem Himmel, frieren und hungern sie, sterben an Erschöpfung – und verzehnfachen den Produktionsausstoß.

Auch die USA leisten inzwischen massive Unterstützung. Die Alliierten verringern die Bedrohung durch deutsche U-Boote im Nordatlantik, indem sie geschützte Konvois bilden, die sowjetische Häfen wie Murmansk anlaufen. Die Russen erhalten umfangreiche Lieferungen an Jeeps, Panzern, Flugzeugen, LKWs – und *Corned Beef*. Russische Soldaten scherzen beim Öffnen der Dosen: »Wir eröffnen eine zweite Front.«

Wie Stalin warten die Soldaten seit Langem darauf, dass die Alliierten mehr unternehmen, um ihr Los zu erleichtern. Warum wird keine zweite Front im Westen aufgemacht? Warum versuchen die Alliierten keine Landung?

El Alamein

Doch die Briten sind momentan noch mit dem deutschen Afrikakorps in Ägypten konfrontiert. Rommel, von Hitler für seine Wüstensiege zum Marschall befördert, ist mit seiner Panzerarmee in bedenkliche Nähe des Suezkanals vorgerückt und hat El Alamein erreicht.

Premierminister Churchill reist an und spricht seinen Wüstenstreitkräften Mut zu. Trotz des Ernstes der Situation hat er seinen Humor nicht verloren. »Das Geheimnis einer guten Gesundheit? Trinken, Rauchen und vor allem kein Sport.« Wobei er soeben seinen ersten Herzinfarkt überstanden hat …

Er trifft mit General Montgomery zusammen, der vor Kurzem das Kommando übernommen hat.

Mittelmeer

El Alamein

LIBYEN ÄGYPTEN

Montgomery mischt die Wüstensoldaten des Commonwealth – Engländer, Australier, Neuseeländer, Südafrikaner – und die freifranzösischen Einheiten gehörig auf. Kaum angekommen, erlegt ihnen der Pastorensohn strenge Regeln und eine neue Disziplin auf. Hauptmann Belchem, einer seiner Offiziere, erinnert sich: »Wir waren erstaunt, wie hager und klein er war. Er war auch nicht braun gebrannt wie wir anderen. Er sagte uns einige Worte, wie man sie eben bei einem solchen Anlass sagt: ›Wir werden bei El Alamein kämpfen und diesen Kampf bestehen, ob lebend oder tot!‹ In seinem Zelt hatte er ein Porträt Rommels aufgehängt.«

Montgomery ist das Gegenteil Rommels. Umsichtig vorgehend, wartet er ab, bis er truppen- und material-mäßig überlegen ist. In lupenreinem Stil des Ersten Weltkriegs geht er am 22. Oktober 1942 in die Offensive: Vorbereitendes Artilleriefeuer, dann ein massiver Panzerangriff, der ihm wegen der deutschen 8,8-cm-Geschütze hohe Verluste einbringt. Dann wird mit Bajonettgewehren wie 1916 an der Somme gekämpft.

Beide Seiten verschleißen ihre Kräfte. In diesem tödlichen Spiel gewinnt derjenige, der mehr Truppen hat.

General Bernard Montgomery.

Der britische Angriff auf El Alamein.

Die Panzer der 8. Britischen Armee greifen an ...

... die Deutschen kontern mit der durchschlagsstarken 8,8-cm Kanone.

Rommels Niederlage

Rommel schreibt: »Wir werden von der Wucht des Feindes schlichtweg erdrückt. Ich suche einen Weg, unsere Truppen da herauszuholen. Wir sehen den schwierigsten Tagen entgegen, durch die ein Mensch gehen kann. Die Toten haben Glück. Für sie ist alles vorbei.« Rommel gibt das Signal zum Rückzug. Er rettet seine Männer, indem er den verbündeten italienischen Einheiten Benzin stiehlt. Diese geraten in Gefangenschaft, obwohl sie mutig gekämpft haben.

Rommel: »Die Toten haben Glück. Für sie ist alles vorbei.«

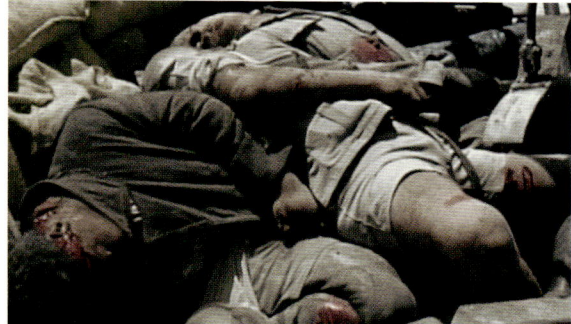

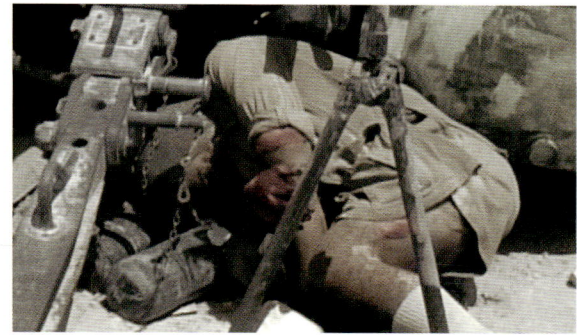

Die Briten machen zahlreiche italienische Kriegsgefangene.

Italienische Gefangene.

In London kann Churchill seinem Volk die erste wirklich gute Nachricht des Krieges verkünden, in einer seiner berühmtesten Reden:
»Dies ist noch nicht das Ende, es ist nicht einmal der Anfang des Endes, aber es ist vielleicht das Ende des Anfangs!«
Die »neue Front« wird von den Alliierten somit in Nordafrika eröffnet.

Die Landung der Alliierten in Nordafrika

Wie schon 1917 überqueren erneut amerikanische Soldaten den Atlantik. Saint-Exupéry, der Autor des *Kleinen Prinzen,* kehrt mit einem dieser Truppentransporte aus dem New Yorker Exil zurück. Er schreibt: »Freunde aus Amerika, ich möchte es so klar und deutlich aussprechen, wie es euch gebührt: 50.000 eurer Soldaten ziehen in den Krieg. Nicht um die USA zu retten, sondern um den Menschen selbst zu retten, die Achtung vor dem Menschen, die Freiheit des Menschen und die Größe des Menschen.« Vor Casablanca und Oran werden die Amerikaner und Briten von den Franzosen mit Geschützfeuer empfangen. Immer noch ist Nordafrika in der Hand des Vichy-Regimes, das mit den Deutschen kollaboriert. Die Kämpfe sind heftig, und Vichy-Frankreich erleidet in diesem Bruderkrieg beträchtliche Verluste. Nach zwei

Wie bereits im Jahr 1917 schicken die Amerikaner Hilfstruppen ...

Tagen kehrt wieder Ruhe ein. Die Alliierten konsolidieren ihre Truppen.

US-Befehlshaber General Eisenhower, ein Pragmatiker, verhandelt in Algier mit dem Kommandanten der Vichy-Truppen, Admiral Darlan. Dieser gilt als einer der größten Kollaborateure: Doch er wechselt die Seiten, und mit ihm laufen die französischen Streitkräfte in Algerien und Marokko zu den Alliierten über. Einige Wochen später wird Darlan von einem *Résistance*-Kämpfer ermordet.

Zuaven, nordafrikanische Söldner, in der französischen Afrika-Armee, November 1942.

Der Tunesienfeldzug

Die in Nordafrika lebenden Franzosen bereiten den Amerikanern einen herzlichen Empfang. Auch die Zuaven – nordafrikanische Elite-Infanteristen im französischen Heer – sind erleichtert. Es hatte ihnen immer widerstrebt, auf die Amerikaner zu schießen. Bald treten sie auf deren Seite in den Krieg ein. Sämtliche Algerienfranzosen und die eingeborene Bevölkerung tun es ihnen nach. Sie bilden marokkanische und algerische Infanterietruppen, »tirailleurs« genannt, und ziehen in eine neue Schlacht, den Tunesienfeldzug.

Ein nordafrikanischer Soldat der leichten Infanterie.

Hitler kommt den Alliierten zuvor: Am 9. November 1942 besetzt er Tunis, das noch von den Vichy-Behörden kontrolliert wird. Diese lassen die Stationierung deutscher Truppen zu. Rommel ist auf dem Rückzug in Richtung Tunesien. Das Land ist auf dem Weg, ein blutiger Kriegsschauplatz zu werden.

Zu Tausenden werden »Indigene« und Algerienfranzosen mobilisiert.

Selbstversenkung der französischen Flotte in Toulon.

Die Besetzung der »freien Zone« durch die Deutschen

Zwei Tage darauf, am 11. November, besetzt Hitler den südlichen Teil Frankreichs, die »freie Zone«. Er will die Mittelmeerküste sichern und gibt Befehl, den Hafen von Toulon einzunehmen, wo die französische Flotte konzentriert ist. Die Vichy-Admiräle entscheiden sich zur Selbstversenkung ihrer Schiffe, um diese weder in die Hände der Deutschen noch der Alliierten fallen zu lassen. Eine bedauerliche Konsequenz der Politik Pétains. Und eine schlechte Nachricht für Hitler.

Carl de Brouwer, ein »Gerechter unter den Völkern«.

Die Gerechten

Monique Mogoulsky.

Mit der Ankunft der Deutschen in Südfrankreich ziehen Angst und Schrecken in der ehemaligen freien Zone ein, wo viele Juden bisher eine relativ geschützte Zuflucht gefunden hatten. In der bedrückenden Atmosphäre von Razzien und Denunziationen werden einige jüdische Kinder von mutigen Familien wie der des belgischen Bankdirektors Carl de Brouwer gerettet. Er und seine Frau Denise nehmen zu den eigenen vier Kindern zwei jüdische Kinder auf. Monique Mogoulsky, zwölf Jahre alt, die Tochter eines Ingenieurs, der sich ebenfalls irgendwo versteckt, und den sechsjährigen Adrien Sapcaru. Dessen Mutter ist festgenommen und in ein »Arbeitslager« im Osten deportiert worden, sie wird niemals aus Auschwitz zurückkehren. Viele Menschen ahnen jetzt, dass Begriffe wie »Arbeitslager«, die die Besatzer im Mund führen, gleichbedeutend mit »Tod« sind. Carl und Denise de Brouwer gehören zu den Helden des Alltags, die Israel eines Tages mit dem Ehrentitel »Gerechte unter den Völkern« auszeichnen wird, ebenso wie weitere 19.000 Männer und Frauen aus ganz Europa.

Adrien Sapcaru.

Schukows Stalingrad-Offensive

**Stalinorgeln – die russischen Mehrfachra-
ketenwerfer – vernichten die feindlichen
Linien.**

Bei Stalingrad bereiten sich die sowjetischen Soldaten
auf den Angriff vor. Schukows Plan sieht vor, die
Flanken der deutschen Armee zu attackieren, die von
Einheiten der Satellitenstaaten des Deutschen Reichs
gehalten werden. Rumänen, Ungarn und Italiener
gelten als schwächer ausgerüstet als die Deutschen. So
will Schukow General Paulus' immer noch in der Stadt
festsitzende 6. Armee umzingeln. Am 19. November
bricht er um 5 Uhr früh mit 3.000 Geschützen und
Stalinorgeln über die feindlichen Linien herein. Beide
Angriffskeile treffen am 23. November bei Kalatsch am
Don zusammen. Die Deutschen müssen mit ansehen,
wie russische Panzer den Kreis um sie schließen. Die
6. Armee sitzt in Stalingrad in der Falle.

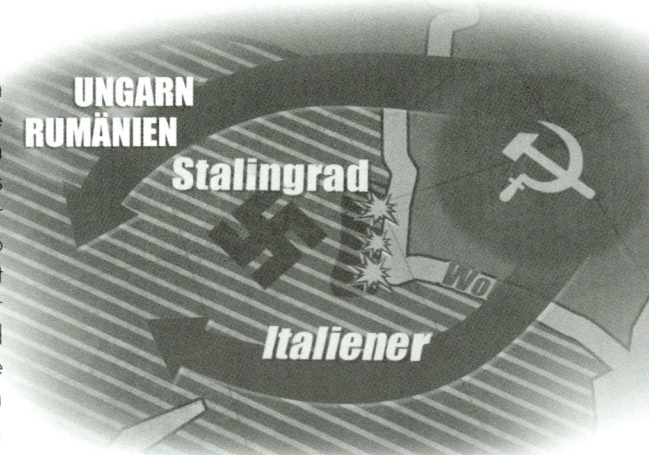

**19. November 1942: Der sowjetische
Artilleriesturm beginnt.**

Panzerangriff der Russen.

Die Hölle bricht über die Deutschen herein.

Hitlers Berghof bei Berchtesgaden, scharf bewacht von SS-Wachen der Leibstandarte Adolf Hitler.

Hitlers Reaktion

Hitler erhält die Nachricht von der sowjetischen Offensive in seinem Berghof bei Berchtesgaden in den bayerischen Alpen. Seine erste Reaktion gegenüber seiner Umgebung: »Das deutsche Volk darf nichts davon erfahren.« Er reist sofort zu seinem Hauptquartier in Ostpreußen ab und äußert dabei unverblümt: »Wenn sich die 6. Armee jetzt aus Stalingrad zurückzieht, kehrt die Wehrmacht nie wieder dorthin zurück.« Nach der Ankunft im Generalstabsquartier, der Wolfsschanze, sendet er Paulus die Nachricht: »Halten Sie die Stellung. Eine Armee kommt Sie befreien.« Paulus hätte noch aus dem Kessel ausbrechen können, wenn er den Befehl verweigert hätte. Kein Entsatzheer wird den Durchbruch zu ihm schaffen, und die Versorgung der eingeschlossenen 6. Armee aus der Luft wird sich entgegen Görings Versprechungen ebenfalls als nicht machbar erweisen.

Hitler steht vor der schwersten Entscheidung seines Lebens.

Hitler begibt sich in sein Hauptquartier, die Wolfsschanze in Ostpreußen.

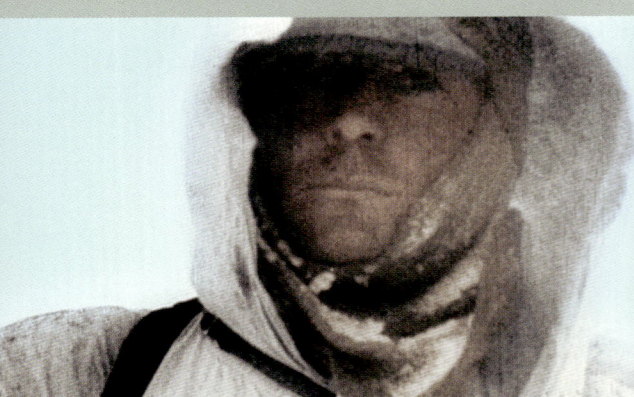

»Verzeih den Kummer, den ich Dir bereitet habe.«

Ein nachdenklicher Diktator.

Die deutschen Soldaten verhungern

An Weihnachten wird die Ration der deutschen Soldaten in Stalingrad auf 50 Gramm Brot und 12 Gramm Fett reduziert.

Der 30-jährige Sanitäter Paul Gerhardt Müller schreibt: »Meine liebste Magdalena! Dieser Brief ist ein Versuch, vermutlich der letzte, mit der Außenwelt in Kontakt zu treten. Meine Liebste! Ich wollte Dir nicht unnötig Sorgen bereiten, aber Du musst wissen, wie es um uns hier steht. All diese Verwundeten! Das Elend unserer gegenwärtigen Lage übersteigt das bisher Durchgestandene bei Weitem. Ich danke Dir noch einmal für all Deine Treue und Liebe. Ich habe Dir zu oft Kummer bereitet, das betrübt mich zutiefst. Verzeih mir!«

Leutnant von Löbbecke erzählt: »Aus unseren Radios kam russische Propaganda auf Deutsch. Ständig wiederholte eine Stimme: ›Alle sieben Sekunden stirbt ein deutscher Soldat in Russland‹.« Die deutschen Soldaten sterben zu Tausenden und werden in Massengräbern beerdigt.

»Wir sollten Frieden mit Stalin schließen.«

Mussolini, der bei Stalingrad eine Armee verloren hat, sucht einen Ausweg aus dem Krieg. Während seines Treffens mit Hitler äußert er: »Ich bin der Überzeugung, dass Russland niemals zerstört werden kann. Ein so großes Land kann nicht erobert werden. Russland können wir vergessen. Wir sollten Frieden mit Stalin schließen.« Was wird Hitler tun? Wenn er verhandelt, so wäre dies das Eingeständnis einer enormen Niederlage, des Scheiterns des ganzen Russlandfeldzugs. Immerhin werden auf dem Weg der Geheimdiplomatie über die Vermittlung des Vatikans und Schwedens Gespräche eingeleitet. Doch der Gang der Ereignisse ist schneller.

Die Konferenz von Casablanca

Am 13. Januar 1943 nimmt US-Präsident Franklin D. Roosevelt im marokkanischen Casablanca an seiner ersten großen transatlantischen Konferenz teil. Roosevelt will die heikle Frage der politischen Macht im befreiten Nordafrika regeln und sich den Plänen de Gaulles entgegenstellen, der mit dem Anspruch auftritt, seit 1940 der rechtmäßige Repräsentant des französischen Widerstands zu sein. »General de

Gaulle ist ein seinem Land ergebener Soldat und Patriot, aber auch ein Politiker und Sektierer, der, wie ich glaube, alle Attribute eines Diktators aufweist.« Roosevelt beruft mit General Giraud lieber einen hohen französischen Militärführer nach Casablanca. 1940 in Gefangenschaft geraten, ist dieser vor Kurzem aus Deutschland geflohen und hat sich nach Nordafrika abgesetzt. Churchill unterstützt weiterhin

Franklin D. Roosevelt.

de Gaulle. Er holt diesen ebenfalls nach Casablanca, um die Rivalen zu versöhnen. Roosevelt jedoch zeig sich aufmerksamer gegenüber Giraud, worüber de Gaulle merklich verstimmt ist. Zu guter Letzt fädeln die Alliierten eine Aufteilung der Zuständigkeiten im Zivil und Militärbereich zwischen Giraud und de Gaulle ein. Einige Monate später verdrängt de Gaulle Giraud aus dem Amt.

General Henri Giraud, Präsident Roosevelt, General de Gaulle und Winston Churchill.

Forderung nach »bedingungsloser Kapitulation«

Nach zehntägiger Beratung teilen die Westalliierten der Presse erstmals die offiziellen Kriegsziele mit: Roosevelt und Churchill fordern nachdrücklich die »bedingungslose Kapitulation« Deutschlands, Japans und Italiens. Einer Verhandlungslösung ist damit in Zukunft der Weg verbaut. Die Alliierten wollen den Krieg gegen die Achsenmächte bis zum Ende durchziehen, egal, wie hoch der Preis ist.

Viele Beobachter mutmaßen, diese radikale Position, mit der man den Russen Sicherheit vermitteln will, werde die Deutschen noch stärker hinter ihrem Führer zusammenschweißen. Stalin hingegen ist hochzufrieden. Er hatte befürchtet, Hitler könne einen Separatfrieden mit den Alliierten erreichen, um dann all seine Kräfte gegen ihn zu konzentrieren.

Diese Bilder sowjetischer Kriegsberichterstatter versetzen die Welt in Staunen: Am 31. Januar 1943 wird Friedrich Paulus gefangen genommen, ein Generalfeldmarschall der Armee Hitlers!

Generalfeldmar-schall Paulus in Gefangen-schaft!

So kann Stalin am 22. Januar 1943 seine Offensive starten, um den in den Ruinen von Stalingrad verschanzten deutschen Truppen den Todesstoß zu versetzen. Die Russen kämpfen sich zum Stadtzentrum vor und nehmen am 31. Januar Paulus gefangen. Hitler hat diesen tags zuvor zum Generalfeldmarschall ernannt, in der Annahme, er werde aus Ehrgefühl den

Freitod wählen. Doch Paulus, von Hitlers widersinnigen Befehlen demoralisiert, nervlich zerrüttet und von der Ruhr geschwächt, begibt sich in Gefangenschaft.
Für die Russen ist die Gefangennahme eines Generalfeldmarschalls natürlich ein außergewöhnlicher Fang, zumal es sich bei Paulus um den Mann handelt, der den Invasionsplan für die Sowjetunion – das Unternehmen Barbarossa – konzipiert hat. Die Sowjets können es gar nicht fassen und verlangen seinen Militärausweis, um seine Identität festzustellen.

Paulus wird mit den Russen kooperieren und später bei den Nürnberger Prozessen als Zeuge gegen seine früheren Vorgesetzten wie Wilhelm Keitel aussagen. Danach lässt er sich in Ostdeutschland nieder. Sein Handeln war – wie das vieler seiner Männer – vor allem eine Absage an Hitlers Wahnsinn. »Zum Teufel mit Hitler!«, ist aus dem Mund mutiger deutscher Gefangener auf Russisch zu hören – diese paar Brocken kennen sie. »Wir wollen zurück nach Hause!« Man kann sich die Gefühlsregungen in all den besetzten Ländern vorstellen.

Die Russen lassen eine nicht enden wollende
Kette deutscher Gefangener durch die Ruinen von
Stalingrad marschieren.

Welche Schuld sie auf sich geladen oder welche verbrecherischen Befehle
sie empfangen haben mögen – diese Männer sind gleichzeitig auch Opfer
Hitlers. Sie müssen nach Sibirien. Nur jeder Zehnte kehrt zurück – ein
Jahrzehnt später.

Goebbels proklamiert den »totalen Krieg«

Nach der Niederlage von Stalingrad spricht Hitler von einem »Opfer«. »Das Wort ›Kapitulation‹ darf nicht fallen. Man muss erklären, dass unsere Männer keinen Nachschub hatten und aus diesem Grund besiegt wurden. Man muss es als ›Opfer‹ bezeichnen.« Die Nazis instrumentalisieren die nationale Katastrophe, um das deutsche Volk erneut zu entflammen. Propagandaminister Goebbels übernimmt die Generalmobilmachung aller Energien und Ressourcen. Am 18. Februar 1943 proklamiert er im Berliner Sportpalast vor einem fanatischen Nazipublikum den »totalen Krieg«. Goebbels schreit den Anwesenden entgegen: »Ich frage euch: Wollt ihr den totalen Krieg?« – »Jaaa!«, brüllt das Publikum. Goebbels: »Totaler und radikaler, als wir ihn uns heute überhaupt erst vorstellen können?« – »Jaaa!«, antwortet die euphorisierte Menge. Darauf Goebbels: »Nun, Volk, steh auf und Sturm brich los!«

Albert Speer und Joseph Goebbels: Hitlers Komplizen im Wahnsinn.

Albert Speer: Hitlers »einziger Freund«, ein unversöhnlicher Nazi

Albert Speer gibt Hitler die Mittel zum totalen Krieg in die Hand. Hitler bezeichnet ihn als seinen einzigen Freund.

Der 38-jährige Architekt seiner größenwahnsinnigen Paläste ist inzwischen sein Rüstungsminister. Speer, ein ausgezeichneter Organisator, vor allem aber ein unversöhnlicher Nazi, kurbelt die deutsche Kriegsindustrie neu an.

Er lässt vier Millionen sowjetischer Zivilisten verschleppen, die bis zur Erschöpfung oder gar bis zum Tod arbeiten müssen.

*Freund, vernimmst du den schwarzen Flug
der Raben über unseren Ebenen?*

*Freund, vernimmst du das dumpfe Stöhnen
des in Ketten gelegten Landes?*

He-ho, Partisanen, Arbeiter und Bauern – Alarm!

*Heute Abend wird der Feind den Preis des Blutes
und der Tränen kennenlernen …*

(Ausschnitt aus dem *Gesang der Partisanen*)

Der Gesang der Partisanen

Nach Russland und Polen stellt das besetzte Frankreich den Nazis das größte Kontingent an Fremdarbeitern. Das Vichy-Regime richtet den Arbeitspflichtdienst (STO) ein und rekrutiert 600.000 Arbeiter zur Zwangsarbeit in Deutschland. Dienstverweigerer fliehen in die Wälder und schließen sich den Widerstandsgruppen an. Deren Hymne ist der *Gesang der Partisanen*, Verse, die 1943 in London von Maurice Druon und dessen Onkel Joseph Kessel geschrieben wurden. Die berühmte Melodie wurde von der aus Russland geflüchteten Anna Marly komponiert, angelehnt an ein Lied aus der Russischen Revolution. Nicht nur in Frankreich, in allen besetzten Ländern, wie Jugoslawien, Griechenland oder Russland, entstehen Partisanenarmeen, die Widerstand leisten.

Abfahrt französischer Arbeiter nach Deutschland. Die Zwangsverpflichtung bringt den Widerstandsgruppen großen Zulauf.

Eine Widerstandskämpferin aus Titos Armee in Jugoslawien.

Das Warschauer Ghetto – VORHER

Widerstandskämpfer gibt es auch hinter den Mauern des Warschauer Ghettos. Dort wagen sie am 19. April 1943 den Aufstand.

Vor dem Krieg war das Warschauer Ghetto ein lebhaftes und freies Viertel. Seine jüdischen Einwohner hätten direkt den Romanen von Sholem Aleichem entsprungen sein können, der schrieb:

»Alle sollen sich mit einem Lächeln an uns erinnern.«

Das Warschauer Ghetto – NACHHER

Zwischenzeitlich ähnelt das Ghetto einem überbelegten Gefängnis, in dem einem Frauen begegnen, die laut den Tod ihres Kindes beklagen …

Die Nazis verfolgen mit der Aushungerung des Ghettos die Absicht, die Juden zu dezimieren und jede Revolte zu unterbinden. Doch die Juden können sich Waffen beschaffen und sterben im Kampf gegen einen hoffnungslos überlegenen Gegner. Die Überlebenden werden deportiert und im Vernichtungslager Treblinka ermordet. Das Ghetto wird dem Erdboden gleichgemacht.

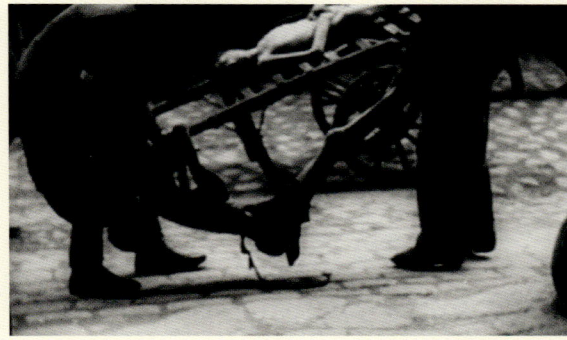

Die Nazis haben den Aufstand niedergeworfen. Auf die Überlebenden wartet die Exekution.

Deutsche Kriegsgefangene in Texas.

Hitler 1943: Sein Schnurrbart ist ergraut.

Am 7. Mai 1943 marschieren die Alliierten in Tunis ein. Rommel entkommt, doch seine Armee, das Afrikakorps, gerät bis zum letzten Mann in alliierte Gefangenschaft.

Während des Krieges werden fast 400.000 deutsche Kriegsgefangene nach Kanada oder in die Südstaaten der USA geschafft, wo sie auf den Tabakfeldern von Virginia als Ersatz für die im Krieg befindlichen örtlichen Arbeitskräfte eingesetzt werden.

An der Ostfront ist die Wehrmacht seit der Niederlage von Stalingrad nicht mehr dieselbe. Auch Hitler hat sich verändert. Einer seiner Generäle, Fridolin von Senger, ist betroffen über dessen Aussehen: »Hitlers Haut war schlaff. Seine so blauen Augen, die die Massen magnetisiert hatten, waren vor Schlaflosigkeit gerötet.«

Hitlers Leibarzt, der sonderbare Doktor Theo Morell, stellt für den Führer Augentropfen mit Kokain her und schafft es, ihn für offizielle Anlässe vorzeigbar zu machen. Doch Hitler, der bereits an Parkinson leidet, muss sich beherrschen, um seinen linken Arm, der zum Zittern neigt, ruhig zu halten.

Die SS betreibt umfangreiche Anwerbungen

In dieser Zeit wächst die Bedeutung von Reichsführer SS Heinrich Himmler, dem Mörder mit den grausamen kleinen Augen. Die SS diente zu Beginn des Nationalsozialismus als »Schutzstaffel« der Naziführer. Später stellte sie die Wachmannschaften für die Konzentrationslager. Jetzt erhält sie eine echte Armee, die Waffen-SS. Diese Elitetruppen sollen eines Tages unter Himmlers Befehl die Wehrmacht verdrängen, die als nicht mehr absolut zuverlässig angesehen wird.

In den besetzten Ländern, so zum Beispiel in Bosnien, holt Himmler mehr und mehr Fanatiker in seine Reihen.

Im besetzten Teil der Sowjetunion rekrutiert die SS mühelos zwei Divisionen von Kosaken, die bereits in der Zarenzeit traurige Berühmtheit durch blutige Judenpogrome erlangt haben. Die Wehrmacht wiederum verpflichtet eine Million sowjetischer Kriegsgefangener, denen nur die Wahl zwischen Hungertod oder Kampf auf der Seite der Deutschen bleibt.

Himmler, der Mörder mit den grausamen kleinen Augen.

Lagerwachen von der Totenkopf-SS.

Bosnische SS-Leute.

Die Waffen-SS, Himmlers Armee.

Die Schlacht von Kursk

Hitler fasst neue Hoffnung. Er verfügt inzwischen über die Mittel, auf das Vorhaben zurückzukommen, von dem er besessen ist: die Vernichtung der Roten Armee. Er investiert in neues Kriegsgerät wie den *Tiger*, einen hochmodernen schweren Panzer, an dessen Entwicklung unter anderem der Ingenieur Ferdinand Porsche arbeitet. Hitler plant, mit den 8,8-cm-Geschützen – den stärksten des Krieges – und dem *Tiger*, der alle alliierten Panzer in den Schatten stellt, Kursk anzugreifen. Die Russen haben unvorsichtigerweise einen weiten Keil in die deutschen Einheiten getrieben, womit sich eine günstige Gelegenheit bietet, sie einzuschließen und zu vernichten. Das Unternehmen Zitadelle gerät zur größten Panzerschlacht der Geschichte: 2.700 deutsche Panzer stehen gegen 3.600 russische, doch die technische Überlegenheit der *Tiger* ist erdrückend.

Generalfeldmarschall Erich von Manstein.

Hitler ist seiner Sache sicher. Er hat Generalfeldmarschall Erich von Manstein, dessen Strategie ihm den Sieg über Frankreich gebracht hat, das Oberkommando über 600.000 Soldaten erteilt. Die *Tiger* durchbrechen erfolgreich die vorderen sowjetischen Linien, werden allerdings erbittert mit Panzerabwehrwaffen attackiert und prallen auf enorme Panzerkonzentrationen. Überall werden die Wehrmachtsoldaten zurückgeschlagen. Sie haben den Eindruck, dass der Feind genau weiß, wo sie angreifen werden, und dass die

Der deutsche *Tiger*, eine Entwicklung von Ferdinand Porsche. Der stärkste Panzer des Zweiten Weltkriegs ist bestückt mit einem 8,8–cm-Geschütz.

Kursk, die größte Panzerschlacht der Geschichte.

russischen T-34-Panzer jedes Mal bereits im Hinterhalt warten. Das hat einen Grund: Die Briten haben das deutsche Chiffriergerät *Enigma* in die Hand bekommen und den Code geknackt. Seither können sie alle noch so geheimen Befehle im Klartext lesen.

Churchill verbietet die Weitergabe dieser Informationen an die Russen, um bei den Deutschen keinen Verdacht entstehen zu lassen, doch den mächtigen sowjetischen Geheimdiensten in Großbritannien ist es bereits gelungen, die dechiffrierten Operationspläne nach Moskau weiterzuleiten. Dieser Krieg ist auch ein Spionagekrieg – mit schrecklichen Folgen für die deutschen Soldaten in der Schlacht von Kursk, wo sie bereits 50.000 Mann verloren haben.

Die entscheidende Begegnung zwischen Hitler und Manstein. Manstein gibt Hitler einen Überblick über die Verluste und beschwört diesen, die Offensive fortzusetzen.

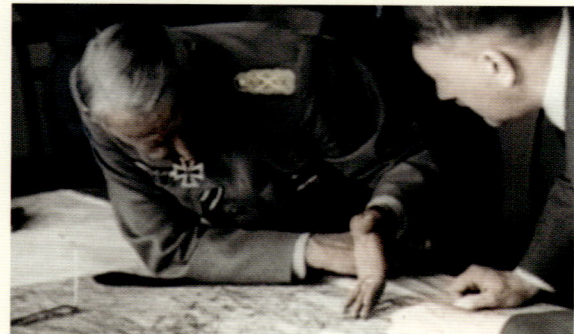

Hitler in der Defensive

Manstein verlangt Verstärkung, um die Offensive fortzusetzen. Er erklärt Hitler ohne Umschweife: »Wir haben Verluste, aber die Russen hatten viel größere.« Hitler zeigt sich unentschlossen und flüchtet sich in Gemeinplätze. Manstein schreibt später: »Er macht auf mich den Eindruck von Schwäche.« Dies bestätigt sich, als Manstein Hitler einen Überblick über die Verluste von Kursk gibt.

Bereits zwei Millionen deutsche Soldaten haben in diesem Krieg ihr Leben gelassen, sind verwundet worden oder gelten als vermisst. Hitler leitet deswegen eine defensive Phase ein, und Kursk wird zum Wendepunkt des Krieges. Anders als Hitler hält Manstein noch nichts für verloren und beschwört ihn, die Offensive wieder aufzunehmen. Hitler lehnt ab. Für ihn ist die Schlacht von Kursk zu Ende. Eine Truppenentsendung nach Sizilien, wo gerade die Alliierten gelandet sind, ist für ihn von höchster Dringlichkeit.

Die Amerikaner in Sizilien.

Der Atlantikwall soll die »Festung Europa« verteidigen.

Der längste Tag naht

Hitlers Hauptsorge besteht darin, weitere Landungen der Alliierten zu verhindern. Die Zielvorgabe lautet, die »Festung Europa« zu verteidigen, deren Symbol der Atlantikwall ist, eine Abfolge von befestigten Stellungen, die sich von Norwegen bis zur spanischen Grenze ziehen. Rommel ist damit betraut, die Festung zu verteidigen: »Wir müssen die Engländer und Amerikaner unbedingt an den Stränden abwehren, denn danach ist es zu spät. Der erste Tag der Landung ist der entscheidende. Dies wird der längste Tag werden.«

Die Schlinge zieht sich zu

Die Ereignisse überstürzen sich. Hitler kann das Vorrücken der Alliierten höchstens verzögern, doch nicht Mussolinis Sturz verhindern, der die Kapitulation Italiens und den Wechsel auf die Seite der Alliierten nach sich zieht. Die neue italienische Regierung setzt Mussolini in den Bergen gefangen. Hitler entsendet ein Fallschirmjägerkommando, das den »Duce« befreit. Im Bemühen, Mussolinis Autorität wiederherzustellen, schickt er diesen nach Norditalien. Er soll dort einen neuen faschistischen Staat gründen, gestützt durch die deutsche Armee. Diese zögert bei ihrem Einmarsch nicht, auf die alten Verbündeten zu schießen, die Widerstand zu leisten versuchen. Rom wird besetzt, und sofort beginnen Judenrazzien.

Rommel sagt: »Der erste Tag der Landung wird der längste Tag werden.«

Unheilverkündendes Tor zum KZ.

Sieg und Niederlage

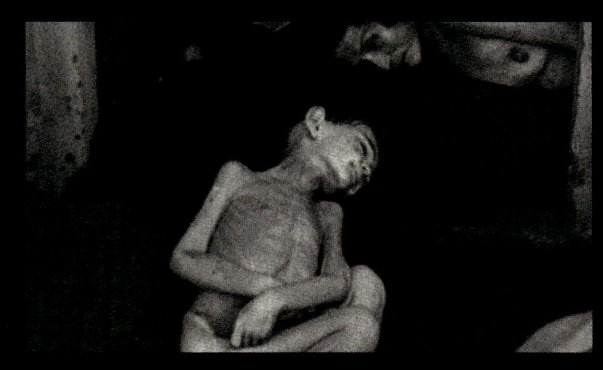

ITALIEN

Rom ● ● Monte Cassino

Gustav-
Linie

Die Schlacht um Italien

Einige Daten

10. Juli–17. August 1943: Landung in Sizilien (Operation Husky)
9. September 1943: Alliierte Landung in Italien (bei Salerno)
6. November 1943: Befreiung von Kiew
23. November 1943: Einnahme der Insel Tarawa
6. Juni 1944: Alliierte Landung in der Normandie
15. Juni–9. Juli 1944: Schlacht um Saipan
20. Juli 1944: Attentat von Graf von Stauffenberg auf Hitler
8. August 1944: Kessel von Falaise
20. Oktober 1944: Rückkehr General MacArthurs auf die Philippinen
Dezember 1944–Januar 1945: Belagerung von Bastogne
27. Januar 1945: Befreiung von Auschwitz durch die Rote Armee
4.–11. Februar 1945: Konferenz von Jalta
13.–15. Februar 1945: Bombardierung Dresdens
16. Februar 1945–26. März 1945: Schlacht um Iwojima
30. April 1945: Selbstmord Hitlers
26. Juni 1945: Gründung der Vereinten Nationen (UNO) in San Francisco
6. August 1945: Abwurf der ersten Atombombe auf Hiroshima
9. August 1945: Abwurf der zweiten Atombombe auf Nagasaki
2. September 1945: Kapitulation Japans
14. November 1945–1. Oktober 1946: Prozess gegen die Hauptkriegsverbrecher vor dem Internationalen Militärgerichtshof in Nürnberg

Die Alliierten sind im deutsch besetzten Italien gelandet. Der Vormarsch der amerikanischen, britischen, kanadischen und französischen Armee gegen den immer noch von Mussolini beherrschten Norden wird durch eine gut ausgebaute deutsche Verteidigungsstellung blockiert, die Gustav-Linie auf der Höhe des Monte Cassino.

Auf dessen Gipfel befindet sich das Kloster des hl. Benedikt. Die Alliierten vermuten, dass die Deutschen das 1400 Jahre alte historische Monument zum Beobachtungsposten umfunktioniert haben. 224 alliierte Bomber werden 420.000 Tonnen Bomben über dem Kloster abladen. Am 15. März 1944 starten die britischen Einheiten zum Sturm auf Monte Cassino, werden aber von deutschen Fallschirmjägern abgewehrt. Ab da verschanzen sich die deutschen Stoßtruppen zäh in den Klosterruinen. Die Bombardierung war nutzlos, und die Gustav-Linie bildet nach wie vor einen unüberwindbaren Riegel. Dabei hatte Churchill getönt: »Italien ist der weiche Unterleib Europas.«

Das Kloster des hl. Benedikt auf dem Monte Cassino.

Die Briten starten zum Sturm auf den Monte Cassino ...

... doch sie werden von deutschen Fallschirmjägern gestoppt, die sich in den Ruinen des Klosters verschanzt haben.

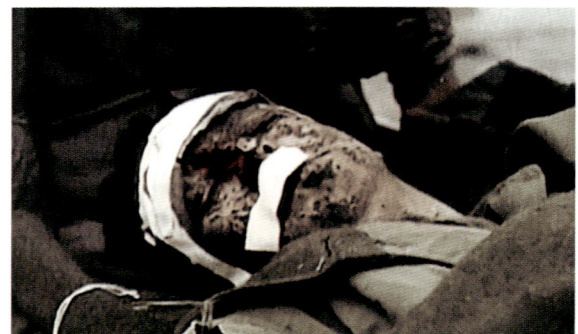

Der Kampf bei eisigen Temperaturen gerät zum Massaker.

Die Deutschen zerstören bei ihrem Rückzug die Ukraine.

5. Juni 1944: Befreiung Roms

In Italien vergeht Monat um Monat, und die Deutschen halten immer noch die Gustav-Linie und den Monte Cassino. Schließlich gelingt es französischen Einheiten unter General Juin, Bewegung in die Situation zu bringen, indem sie den Garigliano-Fluss überschreiten und dessen Steilhänge bezwingen: Woran die Deutschen scheiterten – kräftigen und flinken Kämpfern aus den Bergen Marokkos gelingt es! Sie durchbrechen die Gustav-Linie und öffnen für die Alliierten den Zugang nach Rom, das am 5. Juni 1944 befreit wird.

Nordafrikanische Truppen erringen einen großen Sieg für Frankreich am Garigliano.

Mit dem Angriff auf Südeuropa über Italien verknüpfte Churchill die Hoffnung, Berlin vor den Russen einzunehmen. Die Rote Armee rückt ihrerseits unaufhaltsam vor. Kiew wird befreit. Beim Abzug aus der Ukraine hinterlässt die Wehrmacht auf Hitlers Befehl hin ein systematisch zerstörtes Land.

Die Strände der alliierten Landung.

Die Landung in der Normandie

Zur gleichen Zeit wird in Südengland die Kriegsmaschinerie für die alliierte Invasion der Normandie in Gang gesetzt. Am Abend des 5. Juni 1944 bereiten sich US-Fallschirmjäger auf ihren Einsatz vor. Der Oberkommandierende der alliierten Armeen, General Eisenhower, hat sie eingestimmt: »Ihr brecht zu einem Kreuzzug auf.«

Das Ziel ist eine amphibische Landung an fünf nordfranzösischen Stränden, die sich auf einem hundert Kilometer langen Abschnitt zwischen der Seine und der Halbinsel Cotentin erstrecken, wo die deutschen Verteidigungsstellungen des Atlantikwalls am wenigsten dicht ausgebaut sind. Die Alliierten fliegen zusätzlich

Kriegsbemalung, um sich Mut zu machen.

US-General Dwight Eisenhower, von seinen Soldaten »Ike« genannt.

Verblüffte deutsche Soldaten beobachten aus ihren Bunkern die Invasionsflotte.

in ganz Frankreich nördlich der Loire und in Belgien massive taktische Bombenangriffe, um den Deutschen die Lokalisierung des Invasionsgebietes zu erschweren. Die gesamte Infrastruktur, die dem Nachschub der deutschen Truppen dient – Schienenstränge, Rangierbahnhöfe, Straßen, Brücken –, wird zerstört.

Lastensegler mit britischen Fallschirmjägern und amerikanische *Dakotas* wagen sich in Richtung Landesinneres. Die Luftlandedivisionen erreichen als erste das besetzte Frankreich. Ihre Aufgabe besteht darin, die Flanken des Landungsbereichs zu sichern.

Dann nähert sich die alliierte Flotte der Küste. Es sind die stärksten Landungskräfte aller Zeiten, eine Armada, die fast 6.000 Schiffe umfasst. Sie werden von den Deutschen, die das stürmische Wetter an Aufklärungsflügen hindert, nicht entdeckt. Andererseits verfehlen auch die alliierten Bomber und die vor dem Strand von Saint-Laurent-sur-Mer (Codename »Omaha«) kreuzenden Schlachtschiffe mit ihrem Geschützfeuer die deutschen Stellungen. Die Verteidigungsanlagen bleiben intakt.

Beim Anblick Tausender Schiffe ruft der Gefreite Franz Gockel verblüfft: »Invasion!« Es wird Alarm ausgelöst, doch in der Befehlskette bis hinauf zu Hitler bleibt man skeptisch. Man ist der festen Überzeugung, die eigentliche Invasion werde weiter nördlich und näher zu England über einen Hafen in der Region von Calais stattfinden.

6. Juni 1944: D-Day

Um 6.30 Uhr nähert sich am Omaha Beach die erste Angriffswelle der US-Einheiten den unbeschädigten deutschen Stellungen. Der große amerikanische Schriftsteller Ernest Hemingway ist als Kriegsberichterstatter auf einem Landungsboot dabei: »Im bleichen Grau des Morgens bewegen wir uns auf die Küste zu. Das eiserne Landungsboot erinnert an einen Sarg. Die Gischt grüner Brecher netzt die Helme der Männer, die sich Schulter an Schulter drängen, in der unbequemen, unerträglichen und harten Einsamkeit von Soldaten vor dem Kampf.«
Über tausend GIs lassen ihr Leben. Als die Flut einsetzt, sehen sie sich zwischen dem Meer und dem

Sperrfeuer aus den deutschen Bunkern in der Falle. Eisenhower hat für den Fall eines Fehlschlags ein handschriftliches Kommuniqué vorbereitet: »An dieser Stelle anzugreifen war meine Entscheidung. Nur mir ist die Schuld zuzuschreiben.« Doch ein Stoßtrupp erklimmt heldenhaft unter ständigem Feuer die Steilküste und schaltet, von *Typhoon*-Bombern der *Royal Air Force* unterstützt, die deutschen Geschütze aus.
Inzwischen sind britische Truppen am Strand bei Arromanches (Deckname »Gold«) gelandet.

Der 19-jährige Matrose Alfred Turnball, einer der Bootsführer, berichtet: »Durch welches Wunder sind wir am Leben geblieben? Wir haben drei Minengürtel passiert, das Boot rechts von uns ist explodiert. Unsere Soldaten gehen an Land. Seltsamerweise fällt kein einziger Schuss. Sogar die Häuser auf dem Deich scheinen unbeschädigt. Eine unwirkliche Atmosphäre.« Tatsächlich gibt es kaum hinhaltenden Widerstand, ganz anders als bei den Kanadiern im benachbarten Abschnitt »Juno«.

Die Flut steigt ...

Ein heldenhaft kämpfender Trupp.

Kanadier.

Französische Invasionstruppen in Ouistreham

Die wenigen deutschen Verteidiger, die das Bombardement überlebt haben, ergeben sich. Französische Kommandos gehen am fünften Strand, dem von Ouistreham (Codename »Sword«), an Land. Die meisten hatten sich seinerzeit heimlich aus der Bretagne nach England abgesetzt. Ihre Rückkehr nach Frankreich ist ein besonders bewegender Moment. Einer von ihnen, der 18-jährige Gwenn-Aël Bolloré, erzählt:

»Die ersten Panzer rollten an Land, ich lief hinterher, und plötzlich kamen Zivilisten aus ihren Häusern und winkten uns zu. Sie hielten uns für Engländer, weil wir englische Uniformen trugen. Uns blieb gerade die Zeit, etwas auf Französisch zu ihnen zu sagen, sie reagierten verdutzt, und schon waren wir vorbei.«

Verdutzte Zivilisten.

»Die Luftüberlegenheit der Alliierten ist erdrückend«

Die Eroberung des Kasinos von Riva Bella, wo die Deutschen einen Kommandoposten eingerichtet hatten, ist eine Herausforderung für die Landetruppen. Ihr Gegner sind deutsche Fallschirmjäger, hartgesottene Kämpfer, die den Beinamen »Grüne Teufel« tragen. Doch Generalfeldmarschall Rommel, der die deutschen Streitkräfte in der Normandie befehligt, ist pessimistisch. Hitler hat ihm Befehl gegeben: »Das Schicksal des Deutschen Reichs hängt vom Ausgang dieser Schlacht ab.« Jetzt antwortet ihm Rommel: »Der erbitterte Einsatz unserer Soldaten verlangsamt den Vormarsch des Feindes, doch dessen Lufthoheit ist so groß, dass tagsüber keine Truppenbewegungen möglich sind. Die Luftüberlegenheit der Alliierten ist erdrückend.« Rommel selbst wird schwer verletzt, als sein Wagen unter Beschuss gerät. Er wird nach Deutschland evakuiert.

Deutscher Fallschirmjäger.

Ein künstlicher Hafen

Das Ziel der Alliierten ist es, 300.000 Soldaten anzulanden. Sie bringen jeden Tag 30.000 Mann und 40.000 Tonnen Material an Land. Um ein solches Tempo durchzuhalten, ist ein großer Hafen erforderlich, den es aber an den Stränden der Normandie nicht gibt. Daher bauen sie einen künstlichen Hafen, eine gewaltige Anlegestelle aus insgesamt 200 Beton-Senkkästen, von denen jeder 6.000 Tonnen wiegt und die Höhe eines fünfstöckigen Gebäudes erreicht. So entstehen Dämme und Piers, an denen Frachtschiffe, *Liberty Ships* genannt, entladen werden können. Die US-Werften produzieren inzwischen jeden Tag ein solches »Schiff der Freiheit«.

Pazifikkrieg:
Schlacht um Saipan

Innerhalb von weniger als drei Jahren haben sich die USA zu einer Supermacht entwickelt, die wenige Tage nach der Invasion in Europa fähig ist, am anderen Ende der Welt im Pazifik eine zweite Flotte aufzustellen, die ebenso stark ist wie die in der Normandie eingesetzte. Sie soll die Marianeninseln erobern, eine Bastion der Japaner.

Nach der Einnahme der Insel Tarawa im Vorjahr besteht das Ziel diesmal darin, mit der Insel Saipan eine Ausgangsbasis für Luftangriffe auf Japan zu gewinnen. 15 Flugzeugträger und 800 Flugzeuge vernichten die japanische Luftwaffe. Diese Luftschlacht wird später die Bezeichnung »Das große Marianen-Tontaubenschießen« erhalten.

Als die Marineinfanteristen in Saipan an Land gehen, wird die nur zehn Kilometer breite Insel zum Schauplatz einer der blutigsten Schlachten des Krieges. 20.000 Amerikaner und 30.000 Japaner werden getötet oder verwundet.

Flammenwerfer.

Schwieriger Vormarsch in der Normandie

In der Normandie kommen die Amerikaner nur schwer voran. Die Zahl der zivilen Opfer ist hoch. Der *bocage*, die von Hohlwegen durchzogene Heckenlandschaft der Normandie, bietet den Deutschen günstige Gelegenheiten für Hinterhalte. Die Briten wiederum kämpfen sich durch die Ebene von Caen. Hauptgefreiter Edward Hargreaves schreibt an seine Frau: »Je länger ich die Franzosen beobachte, desto mehr Schätzenswertes sehe ich. Sie bestellen weiter ihre Felder und beklagen sich nicht. Gestern bekam ich einen Aperitif aus Kirschkernen vorgesetzt, er nennt sich *kirsch* und hat Mandelgeschmack, danach gab es zu einem Hasen mit jungen Kartoffeln Rot- und Weißwein, schließlich einen ausgezeichneten Portwein, und zum Abschluss einige wunderbare Liköre.«

Normannische Bauern arbeiten in Nähe einer alliierten Artilleriebatterie weiter auf ihren Feldern.

Die Alliierten im Labyrinth des normannischen *Bocage*.

SS-Leute fahren Richtung Front.

Massaker an Widerstands-kämpfern und Zivilisten

Die deutschen Verstärkungstruppen, die aus Südfrankreich anrücken, werden von den französischen Streitkräften des Inneren (FFI) und den FTP (*Francs-tireurs et partisans*) aufgehalten, einer 1941 von der kommunistischen Partei gegründeten Widerstandsbewegung.
Die SS greift zu Vergeltungsmaßnahmen. Sie erhängt, erschießt und massakriert Widerstandskämpfer und Zivilisten. Dies geschieht in Tulle, in Marsoulas, in Saint-Lys, vor allem aber in Oradour-sur-Glane. Dort erschießen sie sämtliche Männer und schließen Frauen und Kinder in der Dorfkirche ein, die sie in Brand stecken. 644 Opfer sind zu beklagen.

Oradour-sur-Glane, 10. Juni 1944.

Der Anführer des französischen Widerstands ist General de Gaulle, der nach vierjährigem Exil in die Heimat zurückkehrt. In Bayeux, der ersten befreiten französischen Stadt, versucht er für seine provisorische Regierung Machtbefugnisse durchzusetzen – gegen den Willen Roosevelts, der für Wahlen optiert. Doch die Bevölkerung empfängt de Gaulle im Triumph, und dieser erklärt: »Das einzig rechtmäßige Frankreich ist jenes, welches sich gemeinsam mit mir geweigert hat,

Vier Jahre nach dem Aufruf vom 18. Juni 1940 betritt ein sichtlich bewegter General de Gaulle wieder französischen Boden.

die Niederlage zu akzeptieren.« Schließlich willigt Roosevelt ein, de Gaulles Regierung anzuerkennen. Eineinhalb Monate nach dem D-Day toben die Kämpfe mit unverminderter Heftigkeit. Die Alliierten rücken vor, doch Eisenhower sorgt sich: »Für jeden eroberten Meter haben wir einen Mann verloren. Dieser verflixte Krieg kann noch zehn Jahre dauern.«

Hitler will die Alliierten unbedingt in der Normandie stoppen, um die V1-Abschussbasen in Nordfrankreich zu halten, von wo er seine Terrorwaffen Richtung London schickt. Die V1 ist der erste Marschflugkörper der Geschichte, eine mit 1.000 Kilogramm Sprengstoff bestückte Flugbombe mit Strahlantrieb. Diese schnell fliegenden Raketen sind schwer abzufangen oder abzuschießen. Der Treibstoff der V1 reicht so lange, bis sie über London ist, dann setzt der Antrieb aus. Man weiß nie, wo sie herunterkommt. Ihr charakteristisches Knattern bedeutet Alarm für die Einwohner Londons. Rund 10.000 V1 fordern 25.000 Opfer.

Wieder sind der Mut und die Gelassenheit der Briten bewundernswert. Die V1 vermag ihre Moral nicht zu brechen und dient eher dazu, die Moral der Deutschen aufzubauen, die seit zwei Jahren oft in Luftschutzkellern hausen.

Hitler setzt die V1 gegen London ein.

Bombenteppiche

US-Bomber bei Tag, britische bei Nacht: deutsche Städte werden mit einem zerstörerischen Flächenbombardement überzogen, dem *carpet bombing*. 2.000.000 Tonnen Bomben, 400.000 Tote, 800.000 Verletzte, 7.000.000 obdachlose Zivilisten – so lautet die Bilanz der strategischen alliierten Luftangriffe, die das Prinzip

Claus Schenk Graf von Stauffenberg.

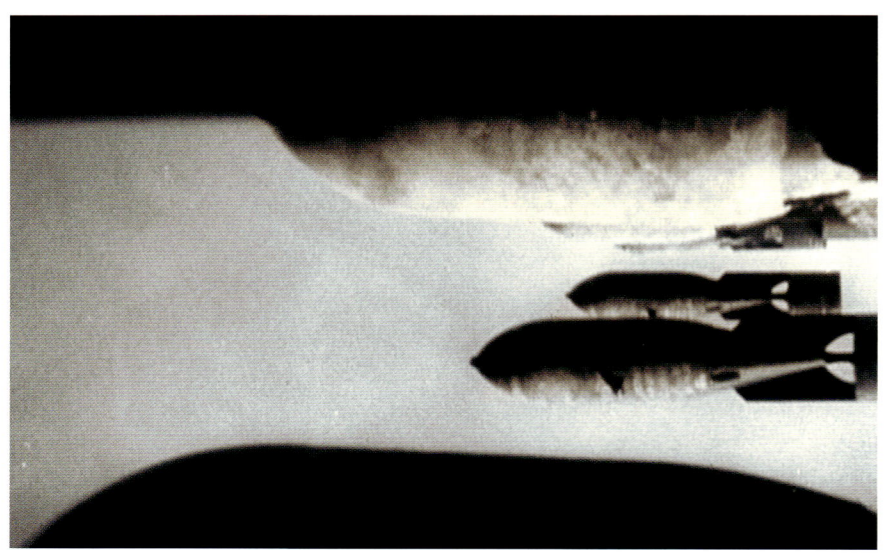

verfolgen, das industrielle Potential, von dem die deutschen Kriegsanstrengungen getragen werden, zu vernichten und die Moral der Deutschen zu unterhöhlen.

In Hitlers Hauptquartier, der Wolfsschanze, verbirgt ein gezwungenes Lächeln die tiefe Bestürzung vieler Offiziere, vor allem jener, die aus altem preußischem Militäradel stammen. Tatsächlich haben sich seit über einem Jahr einige von ihnen einem Komplott angeschlossen, um den Führer zu beseitigen. Einer der Verschwörer, Oberst Claus von Stauffenberg, deponiert am 20. Juli 1944 während einer Besprechung in der Wolfsschanze eine Bombe unter Hitlers Schreibtisch. Der schwere Tisch schützt Hitler vor der Detonationswelle, die zwei Generäle tötet und etwa zwanzig Personen verletzt. Hitler, der fünf Attentate heil überstanden hat, ist nun noch mehr davon überzeugt, dass er von der Vorsehung beschützt wird. Am selben Abend empfängt er Mussolini, der immer noch in Norditalien sein faschistisches Regime aufrechterhält, aber nach einer Kompromisslösung sucht, um den Krieg zu beenden. Hitler macht ihm Mut, indem er von seinen Geheimwaffen und dem Attentat erzählt: »Dies ist ein Zeichen des Schicksals, das auf einen baldigen Sieg unserer Sache hindeutet.« Hitler hat nur eine leichte Prellung am Arm, doch der Schock sitzt tief, was seinen geistigen Zustand, seine Grausamkeit und Paranoia verschlimmert. Er tobt. Er lässt die Hauptverschwörer aburteilen, 7.000 Verdächtige umbringen und die Angehörigen in Lager deportieren. Rommel, der sich bereit erklärt hatte, die Nachfolge Hitlers an der Spitze der Armee einzunehmen, wird in den Selbstmord getrieben. Hitler richtet ihm heuchlerisch ein Staatsbegräbnis aus. Die SS übernimmt die Macht. Nun kann nichts mehr Deutschland retten.

Die russische Offensive von 1944

Im Sommer 1944 rücken die Russen innerhalb von zwei Monaten 600 Kilometer vor und vernichten dabei drei deutsche Armeen. Die Wehrmacht strömt nach Ostpreußen zurück. Ihre Verluste belaufen sich auf 200.000 Gefallene und 200.000 in Gefangenschaft Geratene, von denen 57.000 am 17. Juli 1944 durch Moskau getrieben werden. Zuvor haben sie von den Russen eine sehr fette Kohlsuppe zu essen bekommen, die bei Ausgehungerten stark abführend wirkt. Unter diesen Gefangenen befinden sich auch viele aus Elsass-Lothringen, die gegen ihren Willen zur Wehrmacht gezwungen worden sind, wie der 20-jährige Armand. Er erzählt: »Der Durchfall war quälend. Wir entleerten uns unter heftigen Krämpfen inmitten der Beschimpfungen und Schläge der Menge. Hinter uns spülten die städtischen Reinigungsfahrzeuge mit einem Wasserschwall den überall verteilten Kot von der Straße.«

Marsch der deutschen Gefangenen durch Moskau.

Afrikanische Soldaten der französischen Armee landen in Saint-Tropez.

Armee hat sich ostwärts zurückgezogen. In Paris waren 20.000 Mann unter General von Choltitz verblieben, der von Hitler Befehl erhalten hatte, die Stadt zu zerstören. Heftige Kämpfe beginnen.

Am vierten Tag des Aufstands trifft eine internationale Einheit unter französischer Flagge ein, um die Befreiung der Hauptstadt zu vollenden – die berühmte 2. Panzerdivision unter General Leclerc.

August 1944: Paris erhebt sich

»Brennt Paris?«

Im Westen gewinnen die Alliierten die Oberhand. Am 8. August 1944 werden in der Normandie 250.000 deutsche Soldaten im Kessel von Falaise eingeschlossen und gefangen genommen. Am 15. August landen in der Provence weitere alliierte Truppen. Die neu gebildete französische Armee ist umfangreich daran beteiligt. Sie besteht aus 250.000 Afrikanern, Marokkanern, Algeriern, Tunesiern, Algerienfranzosen und jungen, aus dem besetzten Land entkommenen Franzosen. Gemeinsam mit den Streitkräften des Inneren (FFI) befreien sie Marseille.

Am 19. August erhebt sich Paris, überall werden Barrikaden errichtet. Ein großer Teil der deutschen

Die Deutschen kapitulieren, und General von Choltitz wird zum Kommandoposten Leclercs am Bahnhof Montparnasse abtransportiert. Noch kurz zuvor hatte er von Hitler höchstpersönlich eine telefonische

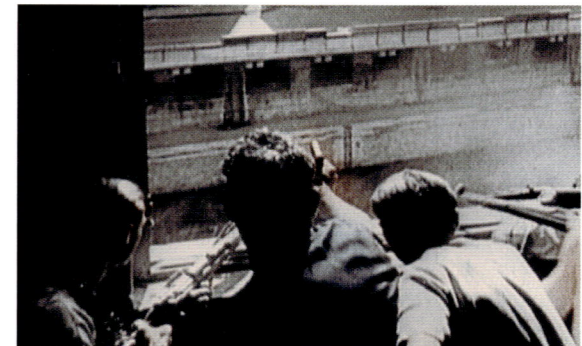

Anfrage erhalten – sie ging in die Geschichte ein: »Brennt Paris – gerade?« Choltitz zieht es vor, die Stadt kampflos zu übergeben. Der Fallschirmoffizier hat sich hier zum ersten Mal einem Befehl widersetzt, was ihm ersparen wird, als Kriegsverbrecher vor Gericht gestellt zu werden.

De Gaulle kehrt nach Paris zurück. Er gibt seiner Bewegung mit Worten Ausdruck, die ebenfalls berühmt geworden sind: »Paris verwundet! Paris gebrochen! Paris gefoltert – aber Paris befreit! Befreit durch eigene Kraft, durch sein Volk, mit Beistand der Armeen Frankreichs, mit Unterstützung und Mitwirkung ganz Frankreichs, das heißt, des kämpfenden Frankreichs, das heißt, des einzigen Frankreichs, des ewigen Frankreichs.«

Während die Befreiung Frankreichs und Belgiens voranschreitet und die Rote Armee sich vor Warschau Zeit lässt, bis die Deutschen die polnischen Widerstandskämpfer massakriert haben, hält General MacArthur auf der anderen Seite des Planeten sein Versprechen, das er drei Jahre zuvor gegeben hatte, als er sich dem Zugriff der Japaner entzog: »Ich komme zurück.«

General de Gaulle im befreiten Paris.

Am 20. Oktober 1944 landet er auf den Philippinen. Doch es wird vier Monate dauern, bis die Befreiung des Landes abgeschlossen ist.

Am Ende des Krieges ist Manila nach Warschau die am stärksten zerstörte Stadt.

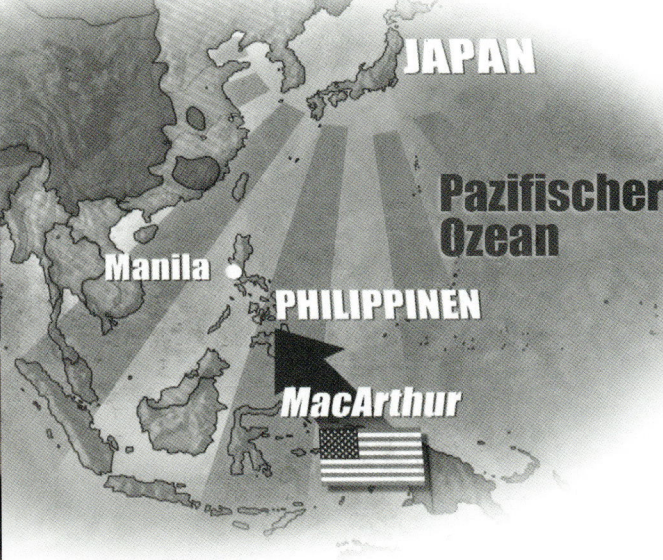

MacArthur hält sein Versprechen. Als er 1942 auf den Philippinen besiegt worden war, hatte er sich geschworen: »Ich werde zurückkommen.«

199

Kämpfe in Manila, 1945.

Erbitterte Gefechte.

Rassismus: die Grundursache des Zweiten Weltkriegs

Die Brutalität und Grausamkeit der weiteren Kämpfe im Pazifik nimmt nochmals zu, zum Teil bedingt durch Entdeckungen der US-Soldaten: Sie stoßen auf Massaker an Geiseln und Lager mit überlebenden Kameraden. Der Pazifikkrieg wird unerbittlich geführt: Hass prallt auf Hass, Gelb steht gegen Weiß. Im Rassismus liegt, mehr noch als im Imperialismus, die Grundursache des Zweiten Weltkriegs. Ein Rassismus, der auch zu Auschwitz geführt hat. Die Todesfabrik wird im Zuge der russischen Offensive im Januar 1945 befreit.

Hinrichtung philippinischer Geiseln in Manila durch die Japaner.

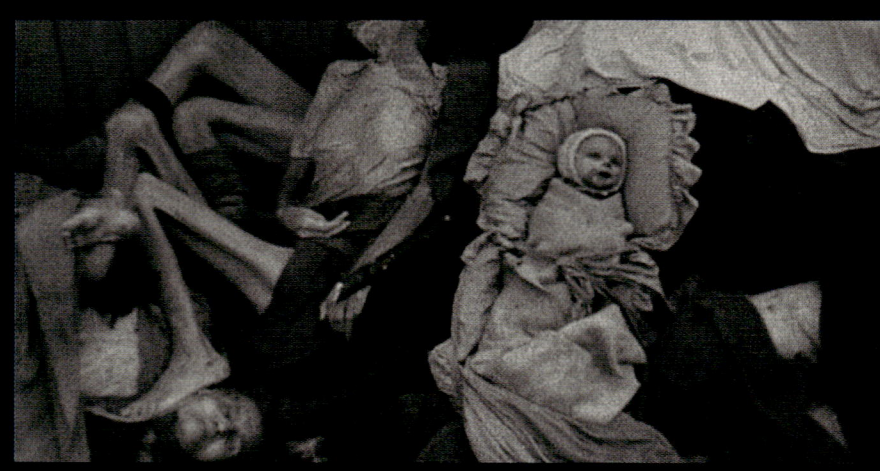

Auschwitz.

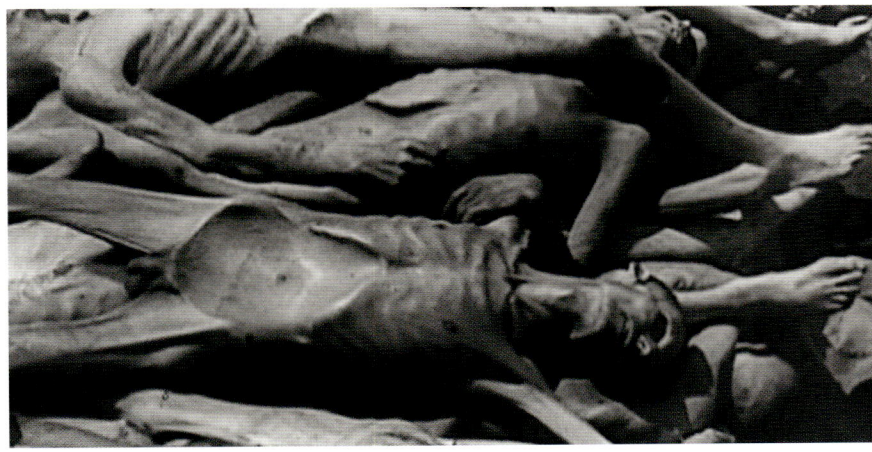

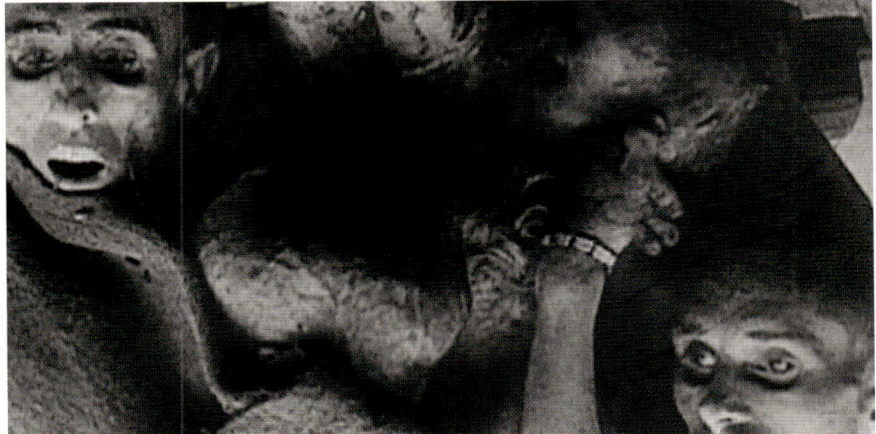

Die Todeslager

Die Auslöschung der Juden war für Hitler, wie er es in *Mein Kampf* formulierte, eine »Mission«. Allein in den Gaskammern von Auschwitz ließ er mindestens eine Million Juden ermorden. Insgesamt kamen sechs Millionen ums Leben. Verhungert, erschlagen, erschossen, danach in Krematoriumsöfen verbrannt – in Majdanek, Sobibor, Treblinka … Die Russen stoßen auf einige Hundert Überlebende, die für ihr ganzes Leben gezeichnet sind. Sie fangen auch Züge mit Deportierten ab. Die Todeszüge haben bei den Nazis weiterhin Vorfahrt, sogar vor Munitionstransporten.
Anfang 1945 betreiben die Nazis immer noch etwa hundert Lager. 20 Millionen Widerstandskämpfer, Oppositionelle, Christen, Homosexuelle, Roma und Sinti sind in KZs deportiert worden; Millionen sind bereits an Hunger, Auszehrung und Schlägen gestorben, wie zum Beispiel die Sklavenarbeiter im Stollen von Mittelbau-Dora.

Aufgestapelte Leichen von KZ-Häftlingen am Eingang zum Stollen von Mittelbau-Dora.

Die V2

Mittelbau-Dora, ein Außenlager des KZ Buchenwald, ist in erster Linie eine unterirdische Fabrik, in der die Nazis eine Geheimwaffe produzieren. Die V2 – die erste ballistische Rakete – hat eine Reichweite von 300 Kilometern und trägt 700 kg Sprengstoff. 1.500 dieser Raketen werden von den deutschen Küsten aus in Richtung London und 2.000 in Richtung Belgien gestartet, was das Ausmaß der Verwüstungen und die Zahl der zivilen Opfer noch einmal steigen lässt. Die Alliierten befürchten vor allem, dass die V2 eines Tages atomar bestückt sein könnte. Doch gibt es in Deutschland überhaupt noch unzerstörte Fabrikanlagen, um solche Waffen zu produzieren? Sogar synthetischer Treibstoff wird knapp.

Die Entwicklung der ersten Atombombe

Roosevelt ist von Albert Einstein höchstpersönlich gewarnt worden, man müsse dringend der deutschen Gefahr begegnen. Ein riesiges Budget ermöglicht es einem Team von Wissenschaftlern, unter strengster Geheimhaltung an der Entwicklung der ersten Atombombe zu arbeiten. Deren Sprengkraft soll die von 20.000 konventionellen Bomben erreichen, tödliche atomare Niederschläge sind ein Nebeneffekt. Man fasst Berlin als Ziel ins Auge. Doch bis die erste Atombombe fertig ist, wird der Krieg in Deutschland bereits beendet sein.

Dresden

Weiterhin dauern die alliierten Luftangriffe rund um die Uhr an und verwüsten deutsche Städte. Nun wird auch das bislang verschonte Dresden, ein wichtiger Knotenpunkt für die deutschen Truppen auf dem Weg zur Ostfront und die fünftwichtigste Industriestadt des Deutschen Reichs, zerstört. Dresden galt als »Elbflorenz«, einer der historischen Schätze Europas. Am 13. Februar 1945 lösen Phosphorbomben einen Feuersturm aus, in dem bis zu 40.000 Menschen verbrennen. Die Stadt brennt sieben Tage lang. Churchill hatte gesagt: »Wir werden den Deutschen eine Pille zu schlucken geben, die bitterer ist als das Unglück, das sie über die Welt gebracht haben.« Während Deutschlands Städte untergehen, hetzt Goebbels weiterhin, und die Nazis mobilisieren die letzten Reserven. Sämtliche Männer im Alter von 16 bis 60 Jahren werden im Volkssturm eingesetzt.

Hitler fordert: »Deutschland darf keinen Deut nachgeben.« Seine Generäle, die Überlebenden der großen Säuberungen nach dem Attentat vom 20. Juli, wagen ihm nicht mehr zu widersprechen. Sie kommen dem absurd wirkenden Befehl nach, zu dieser Winterzeit im Westen in den Ardennen anzugreifen. Sie hätten vorgezogen, alles in den Kampf gegen die Russen zu werfen, die die deutsche Grenze bereits überschritten haben.

Millionen Deutsche fliehen überstürzt, vor allem Frauen, die Angst vor Vergewaltigung haben. Unzähligen von ihnen wird dieses Schicksal nicht erspart bleiben …

Ein alter Mann im *Volkssturm*.

Flucht aus den deutschen Ostgebieten.

Churchill, Roosevelt, Stalin.

Die Konferenz von Jalta

Am 4. Februar 1945 kommen Churchill, Roosevelt und Stalin auf der Krim in Jalta zu einer bedeutenden Konferenz zusammen. Roosevelt, beunruhigt über die zunehmenden Verluste im Pazifik, hat dieses Treffen initiiert, um Stalin dringend zu bitten, in den Krieg gegen Japan einzutreten. Stalin verlangt von ihm, die lange Reise auf die Krim zu unternehmen, wodurch sich der Gesundheitszustand des US-Präsidenten deutlich verschlechtert – einige Wochen später wird

er sterben. Roosevelt denkt nur an Japan, und ihm fehlt Kraft, sich Stalin entgegenzustellen, der das Baltikum, Rumänien, Bulgarien, Ungarn, Polen, Schlesien und Preußen befreit, aber auch besetzt. Ein Abzug steht nicht zur Debatte. Nur Churchill versucht zu verhandeln. Mit Mühe erhält er Stalins Versprechen, freie Wahlen in Polen zuzulassen (die es nie geben wird) und den Briten Griechenland zu überlassen. Dort eskaliert die Lage in der Folge zu einem Bürgerkrieg.

Die kommunistischen griechischen Partisanen wagen einen Aufstand, der blutig unterdrückt wird – Stalin greift nicht ein.

Großes Konferenzthema sind die Vereinten Nationen, deren Gründung bald darauf in San Francisco stattfindet. Die UNO soll alle Konflikte friedlich regeln und über die Einhaltung der Menschenrechte wachen. Schon zeichnen sich aber auch die Differenzen ab, die wenig später in den Kalten Krieg münden …

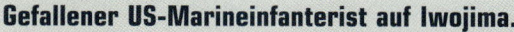
Gefallener US-Marineinfanterist auf Iwojima.

Tokio, 9. März 1945

Es ist der Tag der großen Luftangriffe auf Tokio. Eine soeben entwickelte Brandwaffe kommt zum Einsatz: Napalm, ein geliertes Benzin, das noch gefährlicher als der Phosphor ist, der Dresden vernichtet hat. 1.700 Tonnen Napalm regnen auf Häuschen aus Holz. Die Japaner werden zu Opfern ihrer wahnsinnigen Militärs, die sie in dieses Inferno getrieben haben und den Krieg weiter fortsetzen wollen, obwohl 80.000 Menschen bei der Bombardierung Tokios sterben und fünf Millionen obdachlos werden.

Der Krieg im Pazifik geht weiter

Am 23. Februar 1945 hissen Marineinfanteristen die US-Flagge auf dem Vulkan Suribachi, dem höchsten Punkt von Iwojima. Die Schlacht um die Insel hat 7.000 Amerikanern und 20.000 Japanern das Leben gekostet. Leutnant John Rich erzählt: »Wir sagten uns alle, wenn das hier schon so schrecklich ist, wie wird es dann erst, wenn wir in Japan landen? Für uns *Marines* war es klar, dass wir alle sterben würden.« Von Iwojima und anderen Pazifikinseln aus liegt Japan jetzt in Reichweite der riesigen Boeing B 29 *Superfortress*-Bomber.

Die größte Flammenhölle des Krieges.

In den Ruinen von Tokio.

Hitlers Kindersoldaten

Berlin, 17. April 1945. Russische Raketenwerfer verwandeln die deutsche Hauptstadt endgültig in eine Ruinenlandschaft. Zwei Wochen lang herrscht in Berlin die Hölle. Nur Fanatiker, wie die 400 französischen SS-Leute der Division Charlemagne oder manche Mitglieder der Hitlerjugend, leisten bis zuletzt Widerstand aus Überzeugung. Jahrelang eingeimpfter Hass und Rassismus scheinen bei ihnen gewirkt zu haben.

25. April 1945, Ost trifft West!

Ost- und Westfront treffen an der Elbe aufeinander. Auf der Elbbrücke bei Torgau findet der historische Handschlag der Russen und Amerikaner für die Kameras statt. Neben dem imposanten Stalin-Porträt trägt Roosevelts Bild Trauerflor. Roosevelt starb am 12. April. Einer seiner letzten Beschlüsse war der Stopp des Vormarsches der US-Truppen an der Grenze der zukünftigen sowjetischen Besatzungszone.

George Patton, einer der berühmtesten US-Generäle, ist wütend. Er hatte gewollt, dass die Amerikaner vor den Russen in Berlin eintreffen.

Patton, der Mann mit den Colts am Gürtel, der mit seinen Panzern in Afrika, der Normandie und den Ardennen Tempo vorgelegt hat, beschwört Eisenhower: »Die 9. Armee steht 100 Kilometer vor Berlin. Nicht dort einzurücken ist ein historischer Fehler, der gravierende Folgen haben wird.«

Eisenhower sagt nichts dazu. Die Beseitigung Hitlers und des Nazismus ist für ihn das Einzige, was zählt.

Zwei Porträts: Roosevelt, von schwarzem Trauerband umrahmt, und Stalin als Triumphator.

General Patton.

Die Colts an Pattons Gürtel.

Sie werden nicht sagen können, sie hätten es nicht gewusst

Einige Tage zuvor hatte Patton Eisenhower von dem grauenvollen Anblick des Konzentrationslagers Buchenwald unterrichtet. Eisenhower lässt unverzüglich die Einwohner der nahe gelegenen Stadt Weimar in LKWs herbeischaffen. Es soll ihnen nicht mehr möglich sein, sich herauszureden, sie hätten nichts gewusst, und die Existenz der Naziverbrechen zu leugnen. Sie sollen davon erzählen. Sie sollen bezeugen, dass sie Unerträgliches gesehen haben: Berge abgemagerter und geschundener Leichen, Sammlungen von Tätowierungen, die ehemals KZ-Häftlinge trugen, Lampenschirme aus Menschenhaut ... Danach zieht Eisenhower gemäß den Vereinbarungen von Jalta seine Truppen aus Buchenwald ab, das in der sowjetischen Zone liegt. Stalin nimmt das Lager sofort wieder in Betrieb. Es wird zu einem Teil des »Archipel GULAG«, in dem der sowjetische Diktator mutmaßliche Regimegegner internieren lässt.

Patton und Eisenhower in Buchenwald.

Sammlung mit Tätowierungen auf Menschenhaut.

Rache an NS-Kollaborateuren

Am 2. Mai hissen die Sowjets die rote Fahne über dem Reichstag. Die Sowjetunion hat unermessliche Opfer gebracht, um das nationalsozialistische Deutschland zu besiegen: 20 Millionen Zivilisten und 8 Millionen Soldaten – fast 15 Prozent der sowjetischen Bevölkerung – haben ihr Leben verloren. Die wichtigsten Naziführer werden festgenommen und vor Gericht gestellt. In Italien ist Mussolini von Partisanen hingerichtet worden, seine Leiche wurde dem rachsüchtigen Pöbel überlassen. Überall in Europa wird Vergeltung an jenen geübt, die mit den NS-Verbrechern zusammengearbeitet haben.

Italien, 1945.

Magda und Joseph Goebbels. Die SS versuchte, ihre Leichen zu verbrennen.

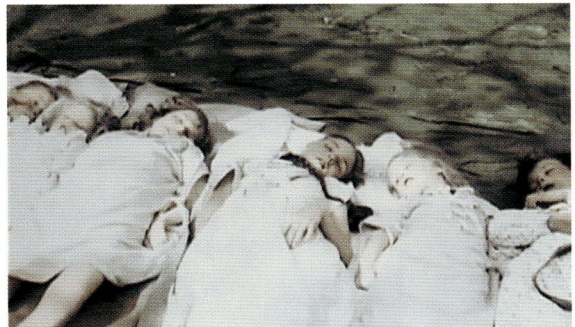

Die Goebbels-Kinder. Sie wurden von ihrer Mutter vergiftet.

30. April 1945: Selbstmord Hitlers in Berlin

Die Russen stehen 300 Meter vor dem Führerbunker. Hitler tötet seine Schäferhündin Blondi. Eva Braun, die er zuvor noch geheiratet hat, schluckt eine Zyankalikapsel. Hitler tötet sich mit einem Kopfschuss. Goebbels und seine Frau begehen ebenfalls Selbstmord. SS-Leute versuchen die Leichen zu verbrennen. Zuvor hat Magda Goebbels ihre sechs Kinder vergiftet.

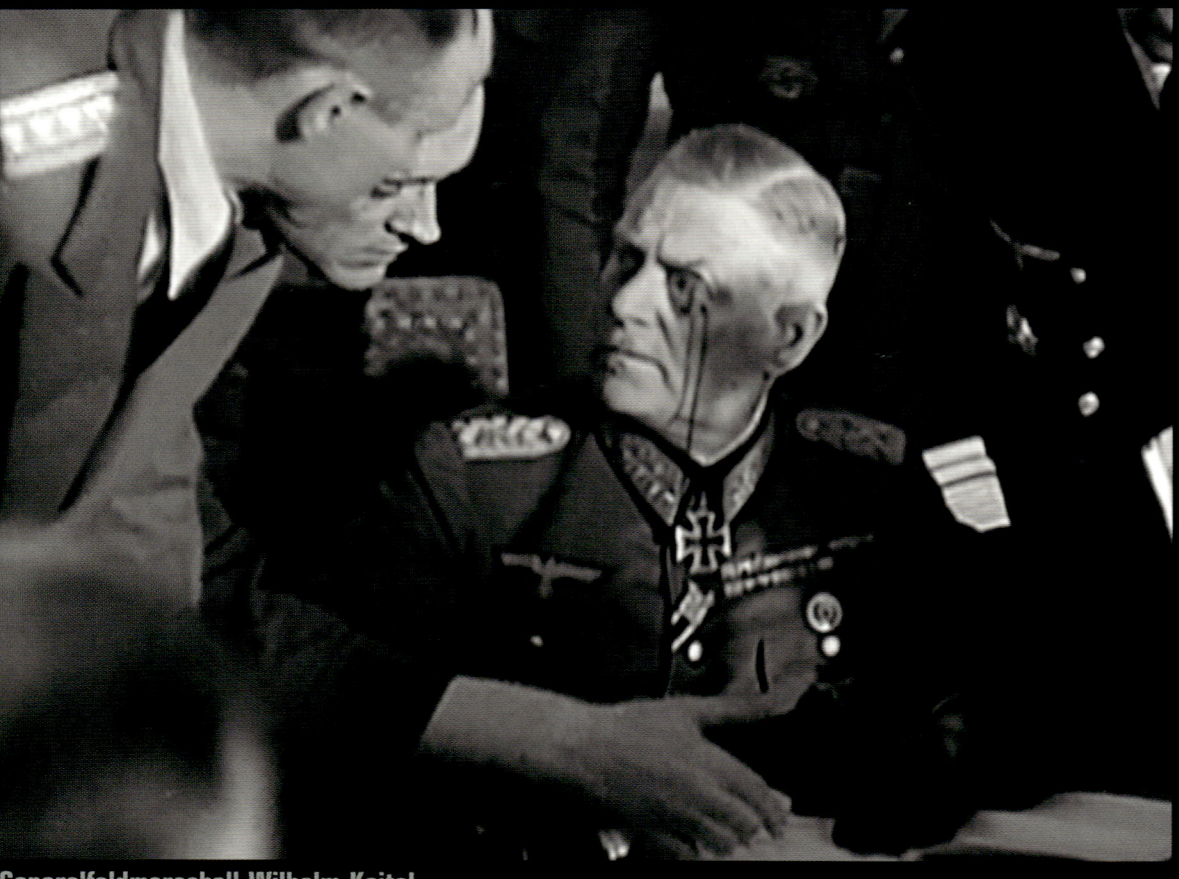

Am 8. Mai 1945 unterzeichnet der letzte Oberkommandierende der Wehrmacht, Generalfeldmarschall Wilhelm Keitel, die bedingungslose Kapitulation NS-Deutschlands. Keitel wird später vom internationalen Kriegsverbrechertribunal in Nürnberg verurteilt und gehängt, wie viele der Hauptkriegsverbrecher.

Der Schriftsteller Klaus Mann wendet sich an seine Landsleute: »Die Niederlage ist keine Schmach, im Gegenteil: Die eigentliche Schande, Entwürdigung, Zersetzung und Verarmung des deutschen Lebens war der Nationalsozialismus.«

Es war nötig gewesen, Deutschland zu besiegen, um den Nazismus zu beenden. Doch wie stand es um Japan?

Im Pazifik stürzen sich vor der Insel Okinawa japanische Selbstmordpiloten, die Kamikazes, auf Schiffe der US-Flotte.

Für Japan ist allein die Vorstellung einer Kapitulation inakzeptabel – es wäre die größte Schande. Die Militärs in Tokio klammern sich an ihre Macht und opfern, was von ihrer Luftwaffe und der japanischen Jugend noch übrig ist, um eine Landung der Amerikaner zu verhindern. Die USA ziehen es vor, eine Invasion zu vermeiden, die ihrer Schätzung nach eine Million Todesopfer fordern könnte. Sie lösen stattdessen ein atomares Inferno aus.

Generalfeldmarschall Wilhelm Keitel unterzeichnet die Kapitulation.

Außergewöhnliche Aufnahmen: Ein Kamikazeflieger in Aktion. Er durchbricht das Sperrfeuer der Flugabwehr der US-Schiffe.

Sekundenbruchteile vor dem Aufprall.

Das amerikanische Schiff ist tödlich getroffen.

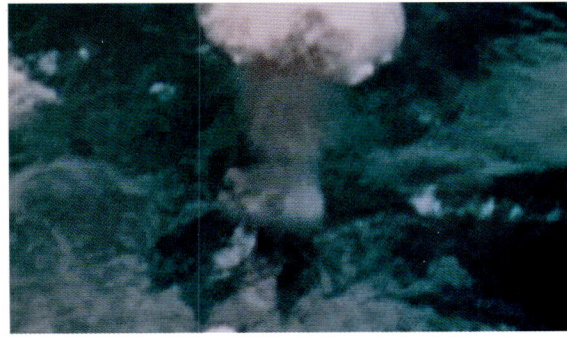

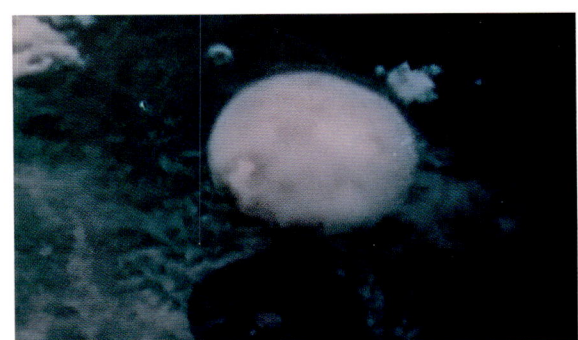

Atomares Inferno

Die ersten beiden Atombomben der Geschichte, abgeworfen am 6. August 1945 über Hiroshima und am 9. August über Nagasaki, fordern innerhalb einer Sekunde über 100.000 Opfer.
Kaiser Hirohito ist es nun endlich möglich, um Frieden zu bitten, ohne das Gesicht zu verlieren. Erst mussten Atombomben fallen, damit japanische Soldaten und Offiziere bereit waren, den Schritt zu tun, der dem Ehrenkodex des *Bushido* so sehr zuwiderläuft: ihren Säbel zu übergeben. Tausende werden sich weigern und lieber in den Dschungel fliehen. Der Letzte wird 1975 gefangen genommen.

Ein japanischer Offizier übergibt einem GI seinen Säbel.

Das Ende des Krieges

Der 2. September 1945 sieht die tief ergriffenen Repräsentanten der alliierten Nationen in der Bucht von Tokio an Bord des US-Schlachtschiffs *Missouri* versammelt. Sie haben das Privileg, der japanischen Kapitulation beizuwohnen, die das Ende des Zweiten Weltkriegs bedeutet. General MacArthur vertritt die Siegerseite.

Der japanische Außenminister Mamoru Shigemitsu unterzeichnet im Namen des Kaisers. Er hat Hirohito am Vortag getroffen und gesagt: »Wir müssen diesen Tag der Trauer zum ersten Tag machen, an dem ein neues Japan geboren wird. So werden wir mit erhobenem Haupt zu dieser Zeremonie schreiten können.«

MacArthur schließt mit den historischen Worten: »Meine größte Hoffnung, ebenso wie die der ganzen Menschheit, besteht darin, dass aus dieser feierlichen Zeremonie nach all diesem Blutvergießen und Töten eine bessere Welt entsteht.«

Das Schlachtschiff *USS Missouri*.

Die Sieger.

Die Besiegten.

Douglas MacArthur.

Für alle Opfer totalitärer Systeme

Dieser Krieg, das Wüten der Gewalt im Reinzustand, hat 50 Millionen Todesopfer gefordert. Darunter waren doppelt so viele Zivilisten als Soldaten. Abertausende Unglücklicher litten noch lange Zeit an den Folgen radioaktiver Verstrahlung oder der Unmöglichkeit, in den NS-Lagern umgekommene Familienmitglieder angemessen betrauern zu können. Die Sendereihe *Der Krieg,* die diesem Buch zugrunde liegt, ist den Opfern aller totalitären Systeme gewidmet. Das Mindeste, was wir tun können, ist, den Kameraleuten zu danken, jenen unbewaffneten Helden, die uns all diese Bilder geschenkt haben. Unser Dank geht auch an sogenannte »Amateure«, wie Mr. Gowlland aus Croydon bei London. Er hat uns mit seiner Tochter Rose bekannt gemacht, die wunderbar die britischen Werte verkörpert. Es gab eine Zeit, da wurde Mittel- und Westeuropa innerhalb weniger Wochen und Monate besiegt und besetzt, eine Zeit, da sich Stalin mit Hitler verbündete und die USA noch entschieden gegen einen Krieg eintraten. In jener Zeit waren es die Briten, die die freie Welt gerettet haben – mit Winston Churchill an ihrer Spitze. Auch ihnen ist dieses Buch gewidmet.

■ Danksagungen ■

Es gibt so viele Menschen, denen ich an dieser Stelle danken möchte. Ich beginne mit **Louis Vaudeville,** dem Produzenten der Reihe. Konsequenz, Intelligenz und Mut verbinden sich bei ihm mit einer außergewöhnlichen Großzügigkeit. Dank seiner Herzensqualitäten und seiner Einsatzbereitschaft konnten wir dieses große Unternehmen zu einem guten Abschluss bringen. Viel zu verdanken haben wir der Aufgeschlossenheit des Generaldirektors von France Télévisions, **Patrice Duhamel**, und dem Entgegenkommen von **Patrick de Carolis,** dem Chef des Senders. Unsere Anerkennung gilt im weiteren **Patricia Boutinard Rouelle**, der Leiterin der Dokumentarsparte, und **Dana Hastier** sowie **Clémence Coppey**, die uns mit Rat und Tat zur Seite standen, ebenso wie **Fabrice Puchault**, der viel dazu beitrug, dass die Reihe diese besondere Nähe zu den Opfern gewonnen hat. Wir wissen, wie viel wir der Autorität des Vize-Generaldirektors von France 2, **Christian Vion**, und all jenen verdanken, die für uns während dieser knapp dreimonatigen Arbeit zu einer echten Familie geworden sind. Meinen ganz besonderen Dank spreche ich **Florence Sarrazin** aus, die mit großer Einsatzfreude und Energie die Produktion der Serie leitete, wobei sie von **Maud Vaudeville** und der gesamten Verwaltung von France 2 unterstützt wurde - von **Anh Roquet**, **Clothilde Beslon** und **Audrey Dauman,** der besten Pressereferentin, die man sich nur vorstellen kann. **Antoine Dauer** spielte dabei eine wichtigere Rolle als nur die eines Regieassistenten: Als Sohn einer französischen Mutter und eines deutschen Vaters wuchs er auf der deutschen Seite des Rheins auf und lieferte viele erhellende Beiträge zur Geschichte. General **Jean Delmas**, der ehemalige Leiter der Abteilung für Geschichte bei den französischen Landstreitkräften, hatte während der ganzen Zeit ein wachsames Auge über unsere Forschungen und die redaktionelle Arbeit, und **Morgane Barrier** leitete die Recherchen in den Filmarchiven. Ihr haben wir den fast unglaublichen Anteil noch unbekannter Filmdokumente an dieser Produktion zu verdanken. Unser Dank gilt ebenso **Bill Murphy**, dem Leiter des US-Nationalarchivs, der gemeinsam mit **Elizabeth Harjens** in Washington umfangreiche Recherchen nach neuen Filmausschnitten betrieben hat. Eine große Rolle spielten für uns auch das Talent und die Hilfsbereitschaft von **Matthieu Kassovitz,** der der Dokumentation als Sprecher die Seele gegeben hat. Der Sendereihe hätte ohne seinen bedeutenden Beitrag viel gefehlt. Wie aber soll es mir gelingen, all jenen zu danken und sie namentlich zu erwähnen, die uns eine so große Hilfe waren und die sich alle durch eine Liebe zur Sache und ein hohes Berufsethos auszeichnen, die das Markenzeichen all jener sind, die bei France Télévisions arbeiten? Wie bekomme ich es hin, niemanden zu übergehen? Dem Komponisten angemessen zu danken, der die Musik zur Serie geschrieben hat – es handelt sich um **Kenji Kawai**, einen der größten japanischen Musiker,. Auch unsere talentierten Chefcutterinnen, **Dominique Brimaud, Sabine Simtob, Sonia Romero, Mathilde Rougeron** dürfen nicht vergessen werden – vielen Dank! Ein herzliches Danke geht auch an unsere Hexenmeister, **Gilbert Courtois,** der für den Ton, und **François Montpellier**, der für die Farbe zuständig war, und an alle unsere Freunde von Tigre Productions wie zum Beispiel **Arnaud Deladupli** und ihren Chef, den großen **Jean-David Curtis.** Danke an den großartigen Tonmischer **Philippe Vaidie** und an alle Mitglieder des ausgezeichneten technischen Teams von France 2. **Jean-François Bouret, François Revault, Vincent Feron** und sein Team. Ein „Bravo" auch dem Talent unseres Kartografen **Frédéric Lernoud**. Wir bedanken uns von ganzem Herzen bei **Monique von Kageneck, Isabelle Gougenheim** und dem Team von **ECPAD** – (der Mediathek des französischen Verteidigungsministeriums) **Alain Poulin, Patrick Brion, Gérard Houver, Kevin Accart, Eric Vernière** und **Olivier Stroh.** Danke an alle, die an der Entstehung dieses Buchs beteiligt waren, an **Ludovic Févin**, der für das Layout zuständig war, an **Carola Strang, Isabelle Lerein, Jeanne Ollivier** und **Aurélie Streiff.** Ich bedanke mich auch bei Ihnen, den Lesern und Leserinnen diese Buchs, und bei denen, die die Dokumentarreihe, die DVDs und Blue-Rays gesehen haben: Der Gedanke an Sie hat uns - Isabelle Clarke und mich, während der Arbeit an diesem Werk immer wieder motiviert.

■ Bildnachweis ■

Papas Heimkehr.